MARÍA FÉLIX

MARÍA FÉLIX

por Luis Rutiaga

Grupo Editorial Tomo, S. A. de C. V.
Nicolás San Juan 1043
03100 México, D. F.

1a. edición, junio 2004.

© Grupo Editorial Tomo, S.A. de C.V.
María Félix

© 2004, Grupo Editorial Tomo, S.A. de C.V.
Nicolás San Juan 1043, Col. Del Valle
03100 México, D.F.
Tels. 5575-6615, 5575-8701 y 5575-0186
Fax. 5575-6695
http://www.grupotomo.com.mx
ISBN: 970-666-981-7
Miembro de la Cámara Nacional
de la Industria Editorial No 2961

Proyecto: Luis Rutiaga
Diseño de Portada: Trilce Romero
Formación Tipográfica: Luis Rutiaga
Supervisor de producción: Leonardo Figueroa

Impreso en México - *Printed in Mexico*

Contenido

"Sólo he sido una mujer con corazón de hombre"

"Enamorada"

Prólogo

Sin lugar a dudas, la historia del cine mexicano no sería la misma sin María Félix. De ella se ha dicho todo y se han escrito infinidad de páginas sobre su vida y sus películas. Sin embargo, ningún texto ha sido capaz de capturar la esencia de esta mujer, cuya originalidad escapa a cualquier intento por definirla.

María Félix inició su carrera cinematográfica con un estelar en *El peñón de las ánimas* (1942) al lado de Jorge Negrete. De golpe y porrazo, el cine mexicano la recibió en la cúspide, de la cual nunca se bajó. Se dice que fue descubierta por el ingeniero Fernando Palacios, personaje relacionado con el mundo del cine.

A partir de *Doña Bárbara* (1943) la actriz y sus personajes comenzaron a fundirse en una sola unidad. Muchos especialistas afirman que María Félix siempre se interpretó a sí misma en todas sus películas. Opiniones más aventuradas señalan que la aparición de la actriz en el panorama del cine mexicano fue tan impactante que los guionistas y directores terminaron por escribirle historias de acuerdo a su personalidad. El resultado fue una curiosa mezcla de realidad y ficción que terminó por construir el mito de la Félix.

Sus matrimonios con Agustín Lara (1943-1947) y Jorge Negrete (1952-1953) ayudaron a afianzar su imagen de "devoradora" de hombres. Su fama se extendió a toda América Latina, España, Italia y Francia dando inicio a una carrera vertiginosa en la que filmó 49 películas con destacados astros de la pantalla de plata y cineastas connotados.

Su belleza y su temperamento fuerte e imponente son dos de las características que distinguieron su vida dentro y fuera de los estudios de cine. María Félix fue considerada como un mito que trascendió fronteras para convertirse en celebridad mundial.

Acaso no fuera una actriz de talento eximio, pero era tan bella y de tan fuerte personalidad, que los personajes que interpretó se doblegaron a ella, es decir, se le sometieron y les impuso sus rasgos físicos, su carácter, su estilo y aun su forma de hablar, como fue el caso de *Doña Bárbara*, que terminó por convertirse en María Félix, según el propio gran escritor venezolano Rómulo Gallegos.

De ahí le vino el apodo de la *Doña*, el mayor tratamiento que se le brindó popularmente.

Su rechazo a trabajar en el cine estadounidense fue legendario, por lo que su fama nunca trascendió las fronteras del norte de México. Sin embargo, a ella le bastó su triunfo nacional y su fama en los países europeos donde fue conocida como "La Mexicana".

En marzo de 2002, quizás presintiendo su inminente partida de este mundo, la televisión volvió a dirigir su mirada hacia María Félix. Un par de documentales dieron cuenta de sus triunfos, sus amores, sus inolvidables frases y su deslumbrante imagen. Al final de uno de ellos, María aparece sola en medio de las penumbras, sentada en la sala de su casa de Cuernavaca. De sus labios surge un leve murmullo, como si la diva estuviese platicando con sus recuerdos. El camarógrafo duda un instante en acercarse, temeroso de interrumpir un acto íntimo y sagrado. Cuando finalmente lo hace, nos descubre a una María Félix ensimismada, cantando en voz baja el más bello de todos los homenajes que haya recibido jamás: "Acuérdate de Acapulco, de aquellas noches, María bonita, María del alma...."

Luis Rutiaga

"Yo nací en Álamos, bajo un sol de fuego.
Nada me puede quemar".

Infancia

María Félix la más deslumbrante belleza en el cine mexicano nació en Álamos, Sonora un 8 de Abril. Las estrellas no tienen edad, el recuerdo para el espectador será esa primera aparición del rostro de María en su primera película "El Peñón de las Ánimas", bajo un sombrero una cara hermosísima mira y hechiza al espectador. Con esa mirada María conquistó el mundo.

Cuenta María Félix que limpiando una cómoda en su casa en Polanco, encontró un tesoro: un libro de oraciones de su madre de la época en que estudiaba en un convento con sus dos hermanas, sus tías Felícitas y Rosario. Esto le trajo una infinidad de recuerdos.

Su madre, Josefa Güereña, nació en Álamos, Sonora. Hija de padres españoles que tenían una situación económica holgada —eran plateros—, se crió en un ambiente de fervor y recogimiento. Sus abuelos eran muy católicos, lo que se dice mochos, y la mandaron desde niña al convento de Pico Heights, en el sur de California. Como todas las novicias, estaba acostumbrada a seguir las indicaciones del oficio parvo, los maitines y esas cosas del ritual católico. De tanto vivir allá se le olvidó el español. Hubiera terminado de monja, como le sucedió a sus hermanas Felícitas y Rosario, pero a los dieciséis años pasó unas vacaciones con su familia y conoció a quien sería su esposo. Se casaron el

19 de enero de 1901, tras un breve y formal noviazgo, con el consentimiento de las dos familias. La fecha está grabada en el anillo de matrimonio.

A sus tías monjas prácticamente no las trató, sólo una vez acompañó a Chefa a Los Ángeles (así le decía de cariño a su mamá) a visitar a la madre Felícitas. Le habló en inglés y no le entendió nada. La madre Rosario se fue a Arizona y se le perdió la pista cuando estalló la Revolución.

La juventud de su madre fue un parto continuo. Tuvo dieciséis hijos, de los cuales vivieron doce, seis hombres y seis mujeres: Josefina, María de la Paz, Bernardo, Miguel, María Mercedes, Fernando, María del Sacramento, Pablo, María de los Ángeles, Victoria Eugenia, Ricardo y Benjamín. En las familias numerosas es inevitable que los padres se encariñen más con alguno de los hijos y María tuvo la suerte de que su mamá se ocupara personalmente de ella. Era su consentida, por eso tuvo muchos problemas con sus hermanas, que se sentían un poco relegadas.

Su madre siempre la motivó a hacer bien las cosas. María trataba de parecerse a ella en todo y la idea fija de su niñez era que algún día llegara a sentirse orgullosa de ella. Chefa quería darle una educación especial para que fuera María lo que ella nunca pudo ser: una persona independiente. Se había casado muy joven y no tuvo tiempo de hacer una vida propia. Era muy rubia, muy delgada, blanquísima, enormemente guapa. Ella la aconsejó cómo ser bella: "No es suficiente ser bonita —decía—, hay que saber serlo". Desde chiquita le enseñó con suavidad los buenos modales, la manera de caminar con prestancia, de sentarse con el cuerpo derecho. Decía que para ser guapa había que tener estilo propio: "Una mujer nunca es demasiado alta ni demasiado delgada. Cuida tu figura porque la armonía es la base de todo". Para que no anduviera encorvada le puso tirantes. Era de lo más incómodo, pero nunca se rebeló contra ellos, por eso —decía María— tengo la espalda tan derecha.

Su madre —recuerda María— siempre andaba muy arreglada, peinadísima. Vivió hasta los noventa y un años y aún entonces procuraba estar bien vestida, pulcra, elegante, con sus cuellos mil novecientos y sus grandes aretes de oro. Decía que traer aretes de oro era darle otro ritmo a la sangre. En su propia casa parecía una visita: muy propia y discreta siempre, muy correcta en su trato.

Su padre era un hombre que no mostraba sus emociones. Delgado como un cuchillo filoso, alto, guapo, de tez rojiza tirando a marrón, era la imagen de la autoridad viril. Tenía facciones muy nobles: frente arrogante, nariz recta, ojos que hacían un agujero en el alma. Nació en el Valle del Yaqui, pero bien podía haber pasado por europeo. Los yaquis, como toda la gente del norte de México, tienen un físico muy diferente al de la población del centro y del sur. Son más grandes, más corpulentos y de carácter individualista. Para sentarse a la mesa se ponía saco, era muy formal en el vestir.

En la casa ejercía el mando con órdenes fulminantes, sin dar explicaciones de nada. Las mujeres de la casa eran poquita cosa de acuerdo a como él las veía. Sólo se preocupaba por la educación de los hombres, a quienes trataba con mano de hierro. Para él era como un deporte agarrar a cinchazos a Pablo —uno de los hermanos de María—, el cual recibía los golpes de hebilla sin quebrantarse, como un mártir, porque su orgullo no le permitía gritar. Después de la zumba entraba la mamá a curarlo. Por supuesto que no era malo de tiempo completo, pero la imagen que le quedó de él era de un rigor excesivo.

Con María y sus hermanas era duro de otra manera. En la mesa no tenían derecho a hablar. Estaba prohibido hablarle de tú y molestarlo en su despacho. Primero se dedicó al comercio, luego trabajó en el gobierno. Lo que más impresionaba, aparte de su imponente personalidad y su figura de tirano doméstico, era su tono de voz: una voz imperiosa, tremenda.

Su esposa jamás le llevaba la contra. Ella no era débil. Tenía carácter y don de mando para dirigir la casa, pero con su esposo era sumisa. "Tú dile siempre que sí a tu padre, para no tener problemas". La aconsejaba a María. Toda la vida se sometió a su dureza y nunca pudo decirle cara a cara lo que pensaba de él. María le servía de intermediaria para reclamarle. El padre tenía por costumbre sentarlos a la mesa y reprenderlos por cualquier travesura con su vozarrón de ogro. Les daba sermones aburridísimos sobre lo que él creía que era el buen comportamiento: estar mudo y casi no existir. Esos regaños molestaban a su esposa, pero no tenía valor para criticarlo. Entonces llamaba a María para recibir instrucciones, como si le pusieran un papel de teatro: "Mira, ve con tu papá y le dices esto y lo otro como si fuera cosa tuya, pero no le digas que yo te mandé", y ponía la reclamación por escrito. Amparada en su niñez, María iba al escritorio de su papá con el papel prendido y le soltaba cosas como éstas:

—¿No le da pena a usted que es tan grande y tan importante gritarle a una niña tan delicada como yo? Su voz no me deja dormir, la oigo hasta en sueños.

Su padre se quedaba perplejo con su atrevimiento. Debió haber pensado que le había salido una niña genio que hablaba como persona mayor y no se atrevía a castigarla porque respetaba su valentía. Fue la única mujer del mundo que lo regañó.

Si el padre hubiera sido tan cruel y tan huraño como parecía no habría sido tan cariñoso con su esposa. Al menos con ella se quitaba de vez en cuando la coraza de hielo. Aquel hombre adusto y severo guardaba "en lo más escondido de su alma" un temperamento sentimental que sólo por escrito se permitía desahogar.

María pasó su niñez entre la casa de sus padres, en Álamos, y el rancho de sus abuelos, que estaba cerca del pueblo y se llamaba El Quiriego. De Álamos conservó María un recuerdo agradable. Había sido un gran centro minero en el siglo XIX y conservaba una atmósfera de abolengo como la de Taxco, sin sus bellezas arquitectónicas. La casa familiar era muy grande, con tres patios, horno de ladrillo, recámaras de techo muy alto. Se hacía mucha comida porque eran un regimiento, y la cocina era el rincón más animado de la casa. Las tortillas de harina eran enormes, las cocineras las aplanaban con las manos. Vivían con dignidad y sin pasar apuros aunque no eran ricos.

Tuvo María una nana yaqui, Jana, que le hablaba la mitad en español y la otra mitad en su lengua. Algunas de sus frases en yaqui se le quedaron grabadas. Por ejemplo, "Dios en chanía", que quiere decir "buenos días", y "Dios en chócori", que significa "buenos los tenga usted".

María prefería jugar con sus hermanos que con sus hermanas. Fue una niña rebelde y salvaje. Aborrecía las muñecas y todos los juegos de mujercitas, pero le gustaba trepar a los árboles, correr, echar volados. Con sus hermanas se aburría porque eran muy serias, muy modositas, completamente distintas a ella. Con los hombres se sentía más libre y era su cómplice cuando se trataba de molestar a sus hermanas. Ellas la consideraban un monstruo porque se ponía pantalones. Los celos y las envidias que le tenían por ser la preferida de la casa fueron la carga más pesada de su niñez. El origen de su encono era su diferencia física. Sus hermanas eran todas rubias por herencia materna. María salió a su papá; de quien heredó los ojos, el corte de las facciones y un mechón de pelo cano que sólo mostró en Doña Bárbara (de su mamá heredó las manos angulosas). Sus hermanas no podían soportar que María tuviera parecido con su padre. Su madre le había enseñado a no dejarse de nadie. "Si te dan un puñetazo

—le decía—, tú devuelve dos". María tenía mucha práctica en los puñetazos por su trato con los hombres, le resultaba sencillo aplicar el consejo con sus hermanas.

Otro motivo de envidia fueron las gracias que aprendió en la escuela, donde la hacían recitar en las fiestas de fin de cursos. Le hicieron mucha burla cuando salió vestida de japonesa recitando un poema. El orgullo de su madre se desbordaba cuando salía María declamando en las fiestas y eso molestaba a sus hermanas, que ya tenían suficiente con los golpes físicos para soportar ese golpe moral. Un domingo en que fueron de día de campo a El Quiriego la quisieron matar. María estaba jugando en el brocal de un pozo con un perico que traía en el hombro cuando una de sus hermanas la tiró al fondo de un empujón. Lo bueno es que el pozo estaba seco pero se llevó un susto espantoso. Estuvo muchas horas pidiendo socorro en la oscuridad, entre sapos y lagartijas. Su padre y sus hermanos la buscaron por todo el rancho, pero el pozo quedaba en un sitio muy apartado y la hermana que la empujó se hizo la desentendida para que no la hallaran. Ya entrada la noche, María escuchó un golpeteo de caballos, gritó ¡auxilio! y vinieron a rescatarla. Fue la primera vez que pensó en la muerte.

En el rancho de sus abuelos también vivió momentos felices, aventuras que se fijaron en María con un color deslumbrante. Los juegos con su hermano Pablo eran fabulosos. Montaban a pelo de El Quiriego a El Moyawi, un sitio cercano a la hacienda y a toda velocidad se cambiaban de montura, como en el circo. El caballo de María era un hermoso alazán al que su abuelo le puso Mil Pesos porque le pagaron con él una deuda por esa cantidad.

"Quien haya experimentado una sensación de libertad como esa —contaba María— en esas cabalgatas locas no se puede conformar de grande con el encierro y la opresión moral que aceptaban con resignación las jóvenes de

esos tiempos. Yo quería seguir cabalgando a pelo y para
ello tuve que rebelarme contra la familia, contra el yugo
de los afectos que matan ".

María "belleza en flor".

A los quince años.

En Guadalajara

La familia se mudó a Guadalajara cuando el presidente Obregón, que era muy amigo del padre de María, lo nombró jefe de la Oficina Federal de Hacienda. Era un puesto de alta responsabilidad, que no le daban a cualquiera. Antes había ocupado el mismo cargo en Mazatlán, cuando María era muy chica, y también estuvo un tiempo en Chiapa de Corzo. Como la familia no se podía trasladar a todos esos lugares, su madre lo visitaba con alguno de sus hijos. María la acompañó a Chiapas, lo cual le dejó una huella muy honda: la vegetación era como una ola verde que llegaba hasta el infinito. Disfrutó muchísimo el viaje en tren: corría como loca por todos los vagones y saludaba por la ventanilla a los animales del campo. El padre las obligaba a escribirle cuando estaba ausente. Las primeras cartas que María escribió fueron las que le mandó a Chiapa de Corzo y a Gómez Palacio, donde lo trasladaron después. De lejos y por carta le tenía más confianza que en persona.

"Los recuerdos de Guadalajara —contaba María— son mucho más nítidos que los de Álamos, por eso creo que sentimentalmente soy tapatía. A veces pienso que nunca estuve en Sonora, que desde siempre viví con los charros".

Tenían una casa enorme, de ésas que primero tienen el portón, luego unas escaleras y arriba un cancel de hierro.

Cuando se abría el portón quedaba cerrado el cancel, por aquello de los ladrones. Recuerda María muy bien la puerta principal porque detrás de ella podía estar escondido un hermano para saltar encima de ella o pegarle con un fierro. "Eran unos salvajes —contaba María—, tengo cicatrices de mis hermanos y de mis hermanas. Pero no me puedo hacer la víctima, porque yo también se las dejé".

"La casa tenía tres patios y dentro de su sencillez era muy agradable —decía María— no porque tuviera muebles de época ni adornos de lujo, sino por el cariño y el gusto conque mi madre la decoraba. Ella misma bordaba los manteles y las carpetas, los forros de los cojines (todavía conservo sus cojines bordados y algunos encajes). La casa estaba dividida en dos pisos. La planta baja, donde nosotros vivíamos, tenía balcones que daban a la calle. Cuando pasaba el panadero con su gran canasta en la cabeza, yo alargaba la mano y me robaba un bolillo.

"Le tenía tanto cariño al mobiliario de la casa que cometí una locura espantosa cuando se iba a casar Chepita, la mayor de mis hermanas. Ella tenía una recámara lindísima, con espejos, lavabo y un armario que me fascinaba. Su prometido era Ramón Camarena, un joyero sin muchos recursos, y Chepita le pidió a mi papá que la dejará llevarse la recámara a su nuevo hogar. Mi papá estuvo de acuerdo, pero yo no. Pensé que mis hermanas casaderas iban a llevarse cada una sus muebles, al rato iban a desmantelar la casa, y me dio tanto coraje que tomé un hacha y destrocé la recámara de Chepita. Desde entonces tenía un agudo sentido de la propiedad".

Sus padres tenían una biblioteca muy surtida. A solas, María leía libros de historia: Clavijero, Lucas Alamán, el *México a través de los siglos*. "Ahora yo conservo sus libros —cuenta María—porque se los compré a una de mis hermanas cuando estaba mal de dinero. Además de la literatura teníamos el pasatiempo de la música. Hicimos una orquesta en que tocaba toda la familia. De ahí le nació la vocación a mi hermana Victoria Eugenia, la menor de las mujeres, que luego estudió piano en el Conservatorio y fue discípula de Claudio Arrati. ¡Quién se iba a imaginar que de aquella orquesta saliera una concertista! Yo nada más aprendí a tocar la guitarra, y a duras penas, los domingos en la casa era la reunión de toda la familia, la gran comilona. Primero se hacía lo que en Álamos llamaban las once, o sea, tomar una copa de tequila a las once de la mañana con quien hubiera ido de visita. Después de comer, a las cinco o seis de la tarde, seguía la hora del algo, que como su nombre lo indica era una especie de merienda para comer o tomar algo, desde una taza de té hasta un recalentado. Esas dos costumbres las mantuve toda la vida; en mi casa siempre se puede comer o beber a cualquier hora".

En Guadalajara la expulsaron de varias escuelas. Primero estuvo con las monjas del Sagrado Corazón, "por eso mi letra es un poco picuda —recuerda María—, porque así era la caligrafía que enseñaban en la escuela, pero luego me cambiaron a otro colegio de monjas, con las adoratrices, y ahí me obligaron a escribir con la letra Palmer, que es un poco redonda. Se hizo un lío con los dos estilos y el resultado es que tengo una letra sumamente rara, digamos gótica".

"Mamá quería que mis hermanas y yo fuéramos como ella —sumisas, hogareñas, abnegadas—, pero yo tenía inquietudes muy distintas —cuenta María—. Muchas veces le dije: 'Mamá, yo no quiero aprender bordado, ¿por qué me mandan a la escuela si no me gusta nada de lo que enseñan? Pero ella no se daba por vencida y siempre hallaba otra escuela donde inscribirme. Quería hacer con mi inteligencia lo que a mí me diera la gana. No me gustaba cocinar, no me gustaban los quehaceres domésticos, no me gustaban las clases de catecismo. ¿Por qué diablos tenía que soportar a las monjas?

"Aprendí más en la casa que en todas las escuelas por donde me obligaron a desfilar. Mi madre me dejaba leer todo lo que yo quería y fui progresando en mi afición a la literatura, o sea que no era una niña burra, el problema era que en la escuela no sabían motivarme para estudiar. Además de la lectura me gustaba mucho el baile. Mis hermanas eran amigas de una bailarina norteamericana que se llamaba Waldeen. Como vio que yo tenía sentido del ritmo, me enseñó baile moderno y algunos movimientos de danza clásica. Entonces empecé a cobrar conciencia de mi cuerpo y cambió mucho mi forma de caminar, de sentarme y hasta mis gestos".

La disciplina familiar impuesta por el padre era tan rígida que ni siquiera podía María salir a la calle sola. Tenía que acompañarla alguno de sus hermanos hasta para comprar un listón. Los domingos en la noche la dejaban dar un paseo por 16 de Septiembre, junto con un grupo de amigas. Merendaban en El Portal o en una tortería que se llamaba El Texano y después iban a tomar el té al salón Olimpia, donde se reunían los estudiantes. Gracias a esas salidas empezó María a hacerse popular entre los jóvenes tapatíos. Eran sus únicas oportunidades para coquetear y no las desperdiciaba.

Como no podía escaparse a la calle en la vida real, se escapaba en sueños. Primero fue sonámbula de a deveras: caminaba de noche y al día siguiente se daba cuenta de que había puesto una mesa para doce personas en el comedor. Después se hacía la sonámbula para ver a sus novios (tuvo dos de manita sudada: Rosendo Ibarra y Rafael Corcuera. Fueron amores de miradas lánguidas en misa y encuentros furtivos en el jardín Escobedo, que no le dejaron ninguna huella). Para verlos tenía que improvisar una red de comunicación secreta. Les pasaba recados con alguna criada de confianza y recibía el papelito con la respuesta. Las citas eran a las tres de la mañana, para que sus papás no la vieran en el balcón. Compartía la recámara con su hermana Victoria Eugenia, que era su cómplice, pero algunas veces su madre se despertaba. Entonces cerraba la ventana y se hacía la sonámbula caminando con los ojos cerrados.

"La adolescencia es un momento muy desconcertante en la vida de una mujer —cuenta María—. No sabe una para dónde va, no sabe si lo que está haciendo es bueno o malo. El cuerpo quiere imponer su ley, la moral le ordena otra cosa y una se queda sumida en las tinieblas, llena de culpas que luego parecen ridículas. Pobre de mi mamá. Educada en un convento, quería inculcarme sus nociones del bien y del mal en un mundo en que las cosas no eran tan simples. Nos llevaba a oír misa al templo de Nuestra Señora del Carmen, donde hice la primera comunión con el padre Mireles, un cura con fama de santo entre las buenas familias de Guadalajara. En la doctrina del sábado, el padre Mireles me regañaba porque según él yo no tenía devoción.

"—¡Eres una hereje! —gritaba furioso—. A los negros infiernos te verás arrastrada si no recibes con humildad el cuerpo de Cristo".

En la adolescencia tuvo María su primer éxito social, un éxito que presagiaba su carrera de actriz. Los estudiantes de Guadalajara la eligieron reina de la Universidad. En un principio su padre se negó a que fuera María a la coronación, pero intervino su madre para convencerlo y dio el permiso a regañadientes. La ceremonia fue en el casino de Guadalajara, engalanado con guirnaldas de flores y nubes de hielo seco. Al verse por primera vez en un estrado, alta sobre la multitud, se dio cuenta María de que la belleza es un concepto forjado por los demás. "Ellos te valoran o te desprecian, te encumbran o te destruyen. Y son ellos quienes forman en derredor de alguien, esa aureola que nos seguirá por todos lados".

Como reina de los estudiantes asistió a muchos eventos de sociedad: corridas de toros, funciones de ballet en el Teatro Degollado, premiaciones de poetas que habían ganado los juegos florales. De esa época son sus primeros estudios fotográficos. Pidió María que le pusieran plumas de avestruz y corona de oro y todo se lo concedieron. También —recuerda María— un festival a beneficio de La Copa de Leche, donde hubo una serie de bailables en que tomaban parte las jóvenes más lindas de la ciudad. El número más sobresaliente fue el de ella, donde bailaba *El gato montés* vestida de manola. Obligada por los aplausos del público, repitió el número hasta quedar rendida. Decía María que hubiera sido buena vedette, pero en sus películas le dieron pocos papeles de bailarina.

El hombre al que quiso más en la adolescencia fue a su hermano Pablo. "Es muy normal que una niña se enamore de su padre o de sus hermanos —contaba María—, pero mi familia vio con malos ojos algo que se dio de la manera más inocente.

"Pablo era un dios de guapeza: moreno, con el pelo rubio veteado por el sol y un lunar junto a la boca idéntico al mío (éramos muy parecidos, cada quien en su tipo). Le decían el *Gato* porque tenía los ojos muy claros, casi amarillos. Cantaba y tocaba la guitarra como los mismísimos ángeles. A esa edad yo no sabía nada de tabús ni de prohibiciones y estar cerca de mi hermano me parecía lo más natural del mundo. El despertar de la adolescencia es una flor que se abre y a esa edad el afecto brota del modo más natural. Pero mi madre se dio cuenta de que mis relaciones con Pablo no eran como las de todos mis hermanos y nos comenzó a separar. No podía estar mucho tiempo cerca de él, sentarme en sus piernas o treparme en su espalda, porque ella se ponía furiosa. Los juegos que habían sido naturales en nuestra niñez ahora no le gustaban. Primero nos prohibió que saliéramos juntos al campo y después

26

convenció a mi padre de que internara a Pablo en el Colegio Militar. Como el director del Colegio era amigo de mi padre, lo inscribió rápidamente y Pablo se fue a vivir a México. En una de sus licencias vino a verme con su uniforme de cadete. Estaba tan guapo que me temblaron las piernas. Al verlo de militar pensé en buscarme un muchacho como él, que tuviera su piel y sus ojos pero que no fuera mi hermano.

"Poco después nos llegó la noticia de que lo habían matado en el Colegio Militar. Las versiones sobre su muerte fueron contradictorias: algunos cadetes dijeron que lo habían matado por la espalda en una práctica de tiro, pero oficialmente las autoridades del Colegio declararon que fue un suicidio. Nunca les creí. Pablo amaba demasiado la vida como para matarse. Lo que paso fue que no les convenía revelar la verdad. Hubiera sido un desprestigio para el Colegio. Caí en una depresión profunda, la primera de mi vida".

De novia.

Su primer esposo

Conoció a su primer esposo, Enrique Álvarez, en un baile de disfraces al que fue vestida con el traje de novia de su madre. El flechazo fue mutuo, y como él era agente viajero de la Max Factor, su pretexto para ir a su casa fue hacerle una demostración de sus productos de belleza. Poco después se hicieron novios y le propuso matrimonio. Quizá lo utilizó como un medio de liberación. Para María, el matrimonio significaba la libertad, salir de la casa donde se sentía presa. No podía imaginarse que al casarse con él sólo pasaría de una cárcel a otra. En vez de impedir el matrimonio, que a su edad era una locura, su madre lo precipitó. Pero su papá siempre se opuso a la boda, y como no quiso llevarla a la iglesia, entró del brazo de su hermano Miguel.

Fue una sencilla ceremonia en el sagrario de la catedral, con muy pocos invitados: sus parientes y algunos amigos íntimos. Pasaron la luna de miel en un hotel de Atotonilco el Alto, que para ella resultó una cámara de tortura. En la noche de bodas tuvo una experiencia traumática. Llegó al tálamo virgen como un botón y sintió el desfloramiento como una agresión tremenda, como si la traspasaran con un puñal: a Enrique le costó dos semanas quitarle la virginidad, porque María saltaba de la cama cada vez que le hacía daño. El pobre daba vueltas por el cuarto como lobo en brama. Cuando por fin logró su objetivo, al día siguiente María se cortó el pelo. Tal vez intentaba renunciar a sus atractivos de mujer para evitarse un sufrimiento mayor.

No podía terminar bien algo que empezó tan mal. Se fueron a vivir a un departamento en la esquina de Pedro Moreno y Camarena. Al poco tiempo ya estaba harta de Enrique, harta del matrimonio. Casi nunca la llevaba a pasear, temiendo que otros hombres le echaran piropos en la calle. Toda su diversión consistía en ir al cine Reforma, que estaba enfrente del edificio. Llegaban con la función empezada y salían antes de que prendieran la luz, para que nadie la viera. En los restaurantes no podía María mirar a los meseros a la cara, porque Enrique se enfurecía, y cuando salía de viaje la encerraba en el departamento.

Lo peor fue cuando tuvo la buena idea de llevarla a los toros. Entraron a la plaza Progreso y los hombres, al verla tan alta y tan bien plantada, se pararon a darle un aplauso. Otro hombre en su lugar se hubiera enorgullecido, pero un macho como Enrique no podía tolerar ese agravio y la sacó de los toros. Nunca le llegó a pegar, ni María lo hubiera permitido, pero sí le alzó la mano en una ocasión y entonces lo amenazó con romperle sus partes blandas.

—Pégame, pero en la noche fíjate de qué lado duermes —le dijo María— porque te voy a reventar los abajines.

Resentida por su mal carácter, comprendió María lo que había perdido al separarse de su familia y empezó a extrañarla. Le hacía falta su bicicleta, le hacían falta sus hermanos, le hacía falta la vida que llevaba. Y en cuanto a su vida íntima, pensaba que el sexo era algo sucio y malo. Pero entonces quedó embarazada. Ni María ni el padre de Quique podían responsabilizarse de un hijo. Él tenía diecinueve años, apenas comenzaba a vivir y le gustaban otras cosas: tomar cerveza, jugar fútbol, andar con los amigos. Salía mucho de viaje para vender sus cosméticos y la dejaba todo el tiempo sola. Entonces pensaba María: "yo aquí encerrada como una imbécil y el tipo éste puede estar engañándome con quien se le antoje". Le daba rabia que él fuera tan libre y que ella estuviera atada al bebé.

"Un día, al sacar del armario uno de sus trajes para llevarlo a la tintorería —cuenta María—, encontré una receta médica en el bolsillo del saco. Junto al nombre de la medicina leí la palabra gonorrea. Presentí que se trataba de algo malo, pero no sabía qué cosa era. Mi madre nunca me habló de sexo, mucho menos de enfermedades venéreas, de modo que acudí a mi suegra Paz Alatorre, a quien le tenía más confianza. Ella trató de restarle importancia al asunto, explicándome que los jóvenes como Enrique siempre tenían más de una mujer. Sobre el sexo masculino me hizo un comentario que hasta la fecha me hace reír:

"—Mira, hijita, eso es jabón que no se gasta.

"Pero yo me di cuenta de que la cosa era mucho más grave: el tipo estaba infectado y podía contagiarme. Nunca le permití que me volviera a tocar y a partir de entonces no tuve en la cabeza otra idea que la de engañarlo. Quería darle ojo por ojo y diente por diente, haciendo el amor con alguien que me gustara. Vivíamos en un tercer piso. Cada tarde me asomaba a la ventana esperando al hombre de mis sueños, y de tanto ventanear empecé a enamorarme de un muchacho rubio, muy alto y muy guapo, que siempre estaba leyendo en la azotea de enfrente. Ni yo sabía trucos para llamarlo con discreción, ni él se atrevía a romper el hielo. El acercamiento se produjo gracias a un amigo mío, el doctor Mendiola. Sabiendo que el muchacho era una persona de confianza, me sentí en libertad de ir más lejos. Un día que mi marido andaba de viaje se acercó a mi ventana, tuvimos una breve charla y me pidió mi número de teléfono. Se llamaba Francisco Vázquez Cuéllar.

"Al día siguiente me habló para recomendarme un libro. Me hablaba todos los días, excepto cuando mi marido estaba en casa. Entonces colgaba, pero yo sabía quién era y ese secreto me hacía muy feliz. Hubo un momento en que nos pareció kafkiano tener un romance tan telefónico y decidimos vernos. La víspera del encuentro no pude dormir, pensando cómo sería Francisco visto de cerca. Para recibirlo me quité los tacones. Esperar a un hombre descalza es un gran lujo de amor. El frío en las plantas de los pies me excitaba, era muy sensual. Bajé corriendo a abrirle, subimos al departamento y entonces lo vi de cerca: era precisamente lo que yo buscaba. Tenía los ojos color de fiera, unos ojos amarillos iguales a los de Pablo".

Ese muchacho fue el motivo por el que María decidiera separarse de Enrique Álvarez. Con él aprendió muchísimas cosas: a leer otra clase de libros, a preocuparse por los pobres (Francisco era de ideas socialistas) y a gozar del amor sin temerle a los hombres. Le enseñó a disfrutar del sexo y entonces empezó María a admirar la arquitectura que levanta un hombre al hacer el amor. "Por encima de todo —cuenta María— le agradezco haber colaborado en mi venganza. Cuando el papá de Quique llegaba a la casa, me daban ganas de decirle: 'Tú me fuiste infiel, pero yo también'".

Como no tenía edad para responder de sus actos ante la ley, su madre se encargó de tramitar el divorcio. Uno de los momentos más felices de su vida fue cuando sintió María que ya no tenía encima la bota de su marido.

Francisco le propuso que vivieran juntos. Estaba dispuesto a dejar la carrera por ella, pero no quiso María atarse a otra pareja tan pronto. Prefirió vivir unos años en libertad y planear bien las cosas antes de dar un paso tan importante.

Cuando su familia se mudó a Navojoa (su papá perdió su puesto cuando los sonorenses dejaron el poder) tuvieron que terminar nuestras relaciones. Años después se lo encontró en México. Intercambiaron teléfonos y quedaron en salir "uno de estos días". María no comenzaba todavía a trabajar en el cine, pero el ambiente de la capital la había cambiado. Se vieron en un café, volvió a recomendarle libros, hablaron de los viejos tiempos, pero se había roto el encantamiento. La conducta independiente de María le desagradó. Él hubiera preferido a la ingenua muchachita de Guadalajara. Nunca más lo volvió a ver. Luego supo María que se recibió de abogado y se casó con una muchacha de apellido Castañeda. A veces se preguntaba María qué habría pasado si ella hubiera ocupado el lugar de esa señorita. Quizá hubiera sido feliz, pero no sería María Félix.

María, rostro perfecto.

En busca de libertad

Antes de venir a México pasó María unos meses con su familia en Navojoa, donde no se sentía a gusto. Después de haber vivido en una ciudad como Guadalajara, el ambiente pueblerino la sofocó. Su papá no la dejaba trabajar, para él era una indecencia que las mujeres llevaran dinero a casa. Muy pronto se dio cuenta de que ahí no estaba su vida. Era objeto de chismes idiotas por su condición de divorciada. La pretendían los hombres casados, y como los rechazaba decían horrores de ella. En esas condiciones no le quedó más remedio que preparar la huida.

Viajó a México en el tren Sudpacífico sin pedirle permiso a sus padres. Le ayudó con los gastos del pasaje su padrino Fernando, que además era su primo hermano. Él entendió su situación porque había estado en Europa y tenía una mentalidad menos provinciana. Con su apoyo y con algunos ahorros que María tenía sobrevivió durante sus primeros días en la capital.

Venía dispuesta a disfrutar la libertad que se había ganado al romper con su esposo. No tenía grandes ambiciones económicas. Tampoco ambiciones de triunfo: le bastaba con no depender de nadie. Lo más fácil para ella hubiera sido casarse con un rico para que le comprara medias, para que le diera casa, comida y sustento, pero no quería terminar tejiendo chambritas en una mecedora.

Quería estudiar, aprender, conocer mundo, aunque no sabía cómo hacerlo por la confusión de su juventud. A esa edad se le figuraba que ya era una mujer madura. En México descubrió que le faltaba mucha experiencia y que debía estar más alerta que nunca para sortear los peligros de la ciudad.

Se había hospedado con su hijo en una casa de asistencia que le recomendaron en Navojoa. Estaba en Hamburgo 70 y era una especie de hotel modesto con ambiente familiar. Lo atendía Carolina Russek, una señora de Chihuahua que sólo aceptaba gente de buenas familias. María tenía una amiga casada en el Distrito Federal que se llamaba Margarita del Río. Habían ido a la misma escuela en Guadalajara y le dio su dirección en México para que la fuera a ver.

Apenas dejó sus maletas en la casa de asistencia quiso ir a visitarla, pero antes se dio una vuelta por el centro. Tomó un taxi y le pidió que la llevara a la dirección de la señora Russek. En el camino el señor le hizo a María algunas advertencias:

—Usted es muy guapa y no debería andar sola por la calle. Cuídese. Aquí no es como en Guadalajara. Le pueden suceder cosas malas con tanto desgraciado que anda por ahí.

El comentario la dejó impresionada y a partir de entonces se anduvo María con mucho cuidado, pues entendió que había llegado a una ciudad rapaz. No podía lanzarse por las calles a ver qué. Se protegió rodeándose de un grupo de amigas: Margarita, sus hermanas y otras muchachas que conoció en la casa de asistencia, donde siempre la trataron muy bien. Tenía encima la responsabilidad enorme de mantener a su hijo y se puso a buscar trabajo enseguida. No lo hubiera necesitado, porque ya empezaban a salirle pretendientes por dondequiera, algunos de mucho billete, pero María se valoraba muy alto. No quería un matrimonio por conveniencia y consiguió un empleo en el consultorio de un cirujano plástico, con el que ganaba lo suficiente para mantener a Quique y comprarse buena ropa. Como estaba siempre contenta, el doctor le puso *Miss Happy*. Era muy correcto y muy amable con ella. Además de llevar todo el movimiento del consultorio, María le servía de gancho publicitario. La presentaba con sus clientas y les decía: "Vean la nariz de esta señorita, yo se la operé", o inventaba que le había pegado las orejas porque María las tenía despegadas, y las clientas felices creyendo que las iban a dejar igual. Era un trabajo divertido porque no perjudicaba a nadie con aquellas mentiras piadosas.

Un día, cuando llevaba tres o cuatro meses en la capital, vino a verla a la casa de asistencia el padre de Quique. Le pidió permiso para que el niño pasara unas vacaciones con él, se lo llevó y *good bye, mister Chips!*, ya no se lo quiso devolver. Entonces apresuró los trámites del divorcio, que su madre había dejado a medias cuando se fueron a Navojoa. Fue María a un juzgado de Guadalajara y pidió una orden judicial para que le entregaran al niño. Ahí supo que el padre le quería quitar la patria potestad. Tuvieron un agarrón en casa de sus papás y le advirtió María:

—Aunque ahora puedes más que yo, llegará el día en que tenga más influencias que tú, y así como te lo robaste, así me lo robaré.

No sabía dónde estaba su hijo, pero se enteró que lo estaba cuidando una criada de los Álvarez, la nana Rosa. Unas amistades le dieron señas de dónde encontrarla. Se había ido a esconder cerca de Chapala en un pueblito que se llama Ajijí. Se trasladó allá en autobús, estuvo vigilando a la nana Rosa y cuando salió por la leche le pidió que le dejara ver a Quique.

—Tu niño está enfermo —le dijo—. Ponte algo encima para que no parezca que eres quien eres, porque tengo órdenes de no dejarte entrar.

Se disfrazó María de campesina con un rebozo y entró a verlo descalza.

Efectivamente, ahí estaba. Tenía calentura y se echó a sus brazos llorando.

—Voy a venir por ti para llevarte conmigo. No llores, mi vida. Mamá te quiere mucho.

Saber dónde lo tenían la tranquilizó, pero la orden judicial se fue retrasando por las maniobras legales del padre y tuvo María que volver a la capital con las manos vacías.

Que la despojaran de su hijo fue como un aguijón que llevó clavado en el orgullo durante sus años de anonimato. Comprendió María que no le bastaba con ser independiente y bonita para hacerse respetar. Necesitaba alcanzar una posición y veía que los pasos que diera en adelante debían ser audaces, pero medidos. Tenía que ser valiente y a la vez cautelosa. Lo principal era no dejarse arrastrar a las fiestecitas de viejos verdes, al despeñadero de las mujeres que no valen por sí mismas.

Tuvo María la fortuna de contar con amigos que la ayudaron mucho anímicamente. Uno de los mejores fue Ernesto Alonso. Lo conoció cuando hacía pruebas para entrar al cine, antes de ser actor profesional. Eran de la misma edad y se caían bien. Ernesto la vio en una ocasión subiendo los hilos de sus medias en un vaso (lo hacía muy a menudo porque las medias de entonces eran carísimas). Él tampoco tenía dinero, pero le sacaba donativos a sus amantes ricachonas para obsequiarle medias, tacones, bufandas. Con él y con sus amigas iban a bailar danzón, al teatro y a las corridas de toros. Todavía era una ilustre desconocida, pero ya desde entonces el público de los tendidos la recibía de pie cuando llegaba a la plaza y las primeras figuras del toreo le dedicaban faenas: Lorenzo Garza, Armillita, Silverio y desde luego el Calesero, que era hermano de Ernesto.

A pesar de tantos homenajes a su belleza, no le había cruzado por la mente la idea de hacer carrera en el cine. Con su trabajo y con su libertad estaba más que satisfecha. Era dueña de sus actos y podía irse con el hombre que le diera la gana sin deberle favores a nadie. Tenía un criterio moral muy avanzado para la época. "Pensaba —cuenta María— que hacer el amor con el hombre que yo había elegido era correcto y sano. Lo inmoral hubiera sido acostarme con un fulano por interés. Mi gran delirio de grandeza era viajar al extranjero, pero en la fama nunca pensé. Ni siquiera veía películas mexicanas y el cine me parecía una cosa de otro planeta".

María fotogénica.

Su rostro al cine

Entonces apareció en su vida el ingeniero Fernando Palacios. Un día que iba María caminando por la calle de Palma, cerca del zócalo, se detuvo frente a la vitrina de una casa de antigüedades. Empezaba a nacer en ella la afición por los muebles de época y los veía como un lujo inalcanzable, cuando escuchó a sus espaldas una voz masculina:

—¿Y a usted no le gustaría hacer cine?

Al voltear vio a un hombre maduro, distinguido, que se había detenido en la vitrina al ver mi reflejo.

—¿Por qué tengo que hacer cine? —le dijo María—. ¿Qué le pasa a usted? El día que yo entre al cine lo haré por la puerta grande.

Y él le respondió con una sonrisa:

—No sé quién será usted, pero con el porte que tiene puede entrar por donde mejor le parezca.

Entusiasmado, la siguió varias cuadras diciéndole que tenía una presencia imponente y que, si lo deseaba, él podía relacionarla con la gente del cine. Creyó María que se trataba de un galanteo y no le dio mayor importancia, pero Palacios indagó su dirección y un día se presentó en casa de la señora Russek.

Le ofreció mover sus contactos para darla a conocer en el mundillo artístico: "Necesitas dejarte ver y que se hable de ti". Él sería su representante y harían una película juntos, él como director, cuando consiguiera un crédito para producirla. Su optimismo era contagioso y pensó María que a lo mejor el cine podía ser un camino para ella. Habló del asunto con el doctor Del Río y él la aconsejó:

—Mira, tú éntrale, total, no pierdes nada. Si te vas a trabajar un rato al cine yo te reservo un lugar aquí. Siempre estarás protegida por tu trabajo.

Y eso fue lo que le dio seguridad a María para lanzarse a la aventura. Dijo, bueno, es una posibilidad, vamos a ver si sirvo para esto.

Hizo su primera aparición en una fiesta de gente de cine en el baile Blanco y Negro del Country Club, al que asistían las figuras más importantes de la época: Esther Fernández, Lupe Vélez, Andrea Palma. Llamó la atención desde que se quitó el abrigo y Palacios la presentó en plan informal con algunos directores y productores que se creían los reyes del mundo. "Algo me habrán visto —contaba María—, porque al poco tiempo recibí una invitación de los hermanos Calderón para ir a Los Ángeles a representar a la mujer mexicana en unas fiestas de la Independencia, o algo así".

Fue su primera salida al extranjero. Llegó al hotel Biltmore en el centro de Los Ángeles. El plan era que desfilara María en un carro alegórico por las calles de la ciudad, vestida de china poblana. Lo supo al llegar y le pareció una ridiculez. Les dijo que con traje de huehuenche no desfilaba. De modo que no representó a la mujer mexicana, pero le sucedió algo mejor: los Calderón la llevaron a Hollywood para que viera cómo se hacían las películas. En los estudios de la Metro conoció a Robert Taylor en la filmación de *Huellas en la nieve*, una película donde hacía de ruso y lo acusaban de comunista. Le tomaron fotos con él y con Walter Pidgeon y también saludó a Gregory Ratoff, el director. Le gustó el profesionalismo con que trabajaban y sintió por un momento que ella formaba parte de aquel ambiente. Después la llevaron a un restaurante donde comió con Cecil B. de Mille y Ray Milland. De Mille se quedó impresionado con ella y le dio su tarjeta para que lo buscara si quería hacer carrera en Hollywood.

Pero María estaba esperando una oportunidad en México. Su nombre ya sonaba, tenía proposiciones para hacer pequeños papeles, pero no le interesaban porque quería debutar en plan estelar. Palacios la aconsejaba empezar desde abajo, pero no le hizo caso. Creía María que asumió con ella el papel de Pigmalión. Le daba clases de dicción, le cambió el peinado, la llevaba de cóctel en cóctel. Se empeñó en que saliera de la casa de asistencia y por consejo de él se fue María a vivir a un departamento en Marsella 62, donde tenía más espacio para recibir gente. Si Palacios estaba enamorado de ella, tuvo la delicadeza de no decírselo nunca. María lo veía como a un padre, y si hubiera empezado con declaraciones de amor —cuenta María— lo habría mandado a volar. No dejó que se metiera para nada en su vida privada. Él tenía sensibilidad para entender que a ella no le gustaban los viejos y se mantuvo a distancia, cosa que siempre le agradeció. Con ella fue un caballero de primera clase.

María y Jorge.

El peñón de las ánimas

Desde 1941 se decía en las columnas de chismes que María haría una película de un momento a otro, pero no había nada concreto. La oportunidad se presentó cuando Gabriel Figueroa le hizo unas pruebas de fotogenia que salieron muy bien y le ofrecieron el estelar femenino en una película de Producciones Grovas titulada *El peñón de las ánimas*, que iba a dirigir Miguel Zacarías. Dijo María que le parecía fantástico y la llamaron a firmar el contrato. Ahí empezaron las dificultades.

La primera fue por el dinero. Querían pagarle una bicoca y no aceptó. Pidió cinco mil pesos, un sueldo altísimo para una principiante.

Hubo un estira y afloja pero al final se los concedieron, de otro modo estaba María decidida a no aceptar la película. Se los tuvieron que dar, pero al día siguiente de cobrar el cheque fue a jugar póquer a casa de la señora Russek y perdió hasta el último quinto. Con su nombre también hubo líos.

Querían que se llamara Diana del Mar. "Ni loca, —les dijo María—, yo no me pongo un nombre tan cursi. Luego le propusieron otro peor: Marcia Maris. Se negó María rotundamente a llevar seudónimo y finalmente se resignaron a que saliera en los créditos con su nombre completo: María de los Ángeles Félix. Era demasiado largo, por eso lo abrevió después, cuando Palacios la convenció de que María a secas sonaba mucho mejor.

La tercer dificultad fue con sus vestidos. Querían darle ropa corriente, alegando que una mujer del campo, aunque fuera hija de familia, no podía llevar sedas y encajes. Mandaron a hacer unos vestidos de percal y se los tiró María al director en la cara.

Fue un atrevimiento de su parte, porque a una primeriza cualquiera no le toleraban esos desplantes, pero se sentía María amparada por tener su empleo en el consultorio. "Pensaba: si no me quieren que se busquen otra; en cualquier momento vuelvo a ser Miss Happy". Su terquedad surtió efecto. A la mañana siguiente se presentó en su camerino el jefe de producción y le dijo:

—Tenga, María, con esta tarjeta puede ir a pedir lo que quiera en el Palacio de Hierro.

La ropa finalmente fue lo de menos. El verdadero suplicio empezó con los ensayos. El señor Miguel Zacarías la veía orgullosa y arrogante, pero así era María por naturaleza, y estaba empeñado en quitarle la insolencia con malos modos. Tres días antes de comenzar la filmación le dijo que una actriz debía ponerse de rodillas ante su director. Estaban en su departamento ensayando una escena en que tenía María que hincarse a rezar en un cementerio. Ella le dijo que se hincaría frente a la cámara, pero no a solas con él, porque le parecía humillante.

—¡Cómo que no! —se puso a gritar. ¡Te hincas aquí delante de mí! Yo te voy a domesticar. ¿Te crees mucho por ser bonita? Pues ¡al diablo con tu hermosura! ¡De rodillas!

—Primero muerta que arrodillada —le dijo María—, y lo corrió de su casa.

"En la noche pensó: adiós al cine, te quedaste en la raya". Pero la volvieron a llamar porque no les quedaba otra, ni modo de suspender la película al cuarto para las doce.

Fueron semanas durísimas para María. En primer lugar era una improvisada y le faltaba disciplina. Tartamudeaba, no sabía para dónde moverse, la cámara le daba miedo. Tuvo que aprender a hablar en forma pausada, con voz fuerte, apoyando las sílabas. La única ventaja que tenía era su buena cabeza para memorizar los diálogos. Miguel Ángel Ferríz y López Moctezuma se portaron maravillosos con ella. Con su trato paternal y con sus buenos consejos la hacían sentir entre amigos.

En cambio Jorge Negrete se obstinó en hacerle la vida pesada. Él vivía con Gloria Marín y había pedido que le dieran el papel a ella para repetir el éxito de *Ay Jalisco no te rajes*. Pero como no la pudo quitar del reparto estaba predispuesto en su contra. Su primera pelea fue por los camerinos.

En Hollywood, María había visto que los grandes actores tenían su camerino dentro del set, una como casita con ruedas. Pidió que se la pusieran, y como eso no se usaba en México Jorge fue con el productor a quejarse de que una desconocida como María no tenía derecho a esos lujos. Hizo un coraje de los mil diablos, porque de todos modos le instalaron el camerino. María no lo pidió por veleidosa. Lo pidió porque siendo una principiante no se podía concentrar con toda la gente que andaba por el set rascándose y comiendo garnachas. Después del Peñón se implantó la costumbre del camerino en el set, pero María fue la primera del cine mexicano que lo exigió.

La pelea continuó en una locación a la orilla de un río. Se había María demorado un poco retocándose el cabello y Jorge se impacientó:

—¡Si esta señorita no está lista en cinco minutos, me voy! —le gritó al director.

—No espere los cinco minutos y váyase de una vez —le contestó María—, y para tardar más arrojó su chongo postizo al río.

Negrete creía que María era una vedette, pero él era entonces más diva que ella. Estaba en la cresta de la ola y la quería tratar como cosa chiquita. Naturalmente María no se dejó. Cuando ensayaban una polca le dijo:

—Tengo una curiosidad. ¿Con quién se acostó usted para que le dieran el estelar?

"—Usted tiene más tiempo en este negocio —le dijo María—, así que debe saber bien con quién hay que acostarse para ser estrella. Y quiero advertirle algo: yo no necesito hablar con usted para nada. Me resulta muy antipático y no quiero que me dirija la palabra fuera de escena. Déjeme trabajar en paz".

Su hostilidad continuó a lo largo de todo el rodaje. La jaloneaba cuando cometía un error en los parlamentos, hablaba mal de ella con el director. A veces parecía que estaba a punto de golpearla. La mayor grosería se la hizo al final de la filmación. Era costumbre que los compañeros de una debutante le firmaran el guión con una dedicatoria. Todos los actores de la película se lo firmaron con unos pensamientos largos y muy bonitos, pero cuando se lo llevó a Jorge le dijo:

—¿Yo a usted? Usted no se merece de mí ni siquiera un garabato. Yo no le firmo nada.

Tenía un poco de razón para estar furioso porque María también le hizo algunas diabluras en la película. En la escena final, cuando se estaba muriendo, lo tenía María tomado de la cabeza y de pronto se la soltó sobre unas piedras. De milagro no se descalabró.

Como María no podía hablar en la filmación con Jorge ni con el director, en los descansos platicaba con el trío los Calaveras. "De ahí vino quizá el rumor —cuenta María— de que yo andaba con uno de ellos. Hasta llegaron a inventar que nos habíamos casado en secreto. De los Calaveras únicamente me gustaba su música, su forma de cantar, pero nada más. Con cuatro maridos en mi vida ya tengo suficiente como para que todavía me endilguen a un mariachi".

"A pesar de todo, *El peñón de las ánimas* no salió tan mal —cuenta María—. La hice como jugando, pero tuvo un gran éxito. Al ver la responsabilidad que se me venía encima con el público, me puse a reflexionar y me dije: ah caray, esto es un oficio, hay que aprenderlo. Y comencé a tomarme la actuación en serio".

Por desgracia, su familia no comprendió el esfuerzo que María estaba haciendo. En ese tiempo el mundo de la farándula era mal visto, se creía que las actrices iban de cama en cama para conseguir un papel, y cuando su papá supo que había hecho una película mandó hacer un pergamino que hizo firmar a todos sus hermanos y en el que decía que María era una perdida y una mala mujer y una vergüenza para la familia, y los puso a todos como testigos. Aquello lógicamente le dolió a María, pero hasta cierto punto le quitó un peso de encima. Fue como una licencia para volar.

La China Poblana.

Mejor olvidarlas

"Como todo mundo comprenderá —cuenta María—, yo no puedo hablar más que del cine mexicano que me tocó vivir, un cine difícil, con pocos medios, donde todo estaba preparado para que una película saliera mal. En ese medio hacer las cosas bien era como manejar por el Periférico en sentido contrario. Y había que tener unas entretelas de acero para llevar una carrera como la que llevé, porque el espectáculo, como cualquier otra profesión, es duro y canijo si uno lo toma en serio, pero más canijo todavía con quienes lo toman a la ligera. Por casualidad se puede tener un acierto dos o tres días, un aplauso dos o tres meses, pero un éxito de varias décadas ya no es cuestión de suerte: es cuestión de agallas".

Tuvo María la inmensa fortuna de que se rodeara con gente muy talentosa, muy brillante: eso la ayudó a contrarrestar las dificultades. Se entregaban al trabajo en un ambiente de amor y cada quien hacía su parte con entrega absoluta, con energía absoluta, con entusiasmo absoluto.

"Me asombra —contaba María— que hayamos hecho películas tan buenas con medios económicos tan limitados. El esfuerzo compensaba nuestras carencias, la imaginación hacía maravillas con poco dinero. Como yo estaba en desventaja por ser una improvisada, tenía que estudiar mucho para sentirme segura. Siempre llegué al rodaje con mis diálogos aprendidos, con toda la película en la cabeza. Me gustaba que hubiera silencio, que sólo hablara quien tenía que hablar en el set. En cuanto al camarógrafo, al director, a mis ayudantes, al técnico de sonido, ni siquiera los veía porque al oír la palabra acción me encerraba en mí misma: sólo quedábamos la cámara y yo.

"Era muy exigente conmigo y con los demás. Pienso que cuando una cumple tiene derecho a exigir. Yo exigía mucho porque daba mucho. Nunca lo hice gratuitamente, por pesadez o capricho: lo hacía para mejorar. Con el trabajo no se juega, uno debe estar al cien por ciento. En cambio la vida no hay que tomarla en serio.

"Para mí el estrellato no consistía en hacer películas y luego irme a la fiestecita o al cóctel a quedar bien con los demás. Yo prefería la disciplina; dormir bien, descansar lo suficiente y reflexionar. No era cuatacha de nadie, porque en el ambiente del cine se bebía mucho y yo no aguantaba las desveladas. Además, para estar bien después de una parranda muchos tenían que consumir drogas. Yo no encajaba en ese estilo de vida: mis diversiones eran otras, mis amistades también.

"Hice cuarenta y siete películas a lo largo de mi carrera, pero mi aprendizaje nunca terminó. Cada papel me enseñaba algo nuevo. Todos me exigían transformaciones: cambios de ropa, cambios de lenguaje, cambios de mentalidad. Las historias que uno lee en el libreto varían al irse filmando. Nada es definitivo: hasta la trama puede modificarse a última hora y los personajes pueden ganar o perder importancia según la capacidad del actor. En ese juego de azar está el encanto del cine para quienes lo vemos como profesión.

"El cine de hoy ha perdido magia. Para no complicarse la vida, la gente alquila películas en videocasete y se queda en su casa. Lo prefiere a exponerse a la lluvia, al tráfico, a las colas. La comodidad tiene un precio: el formato en que fue hecha la película se pierde en la reducción. Convengo en que es una alternativa cómoda, pero mientras se pueda escoger, me quedo con la pantallota donde parece que uno está metido en otro mundo".

Después de su debut en *El peñón de las ánimas* hizo una película que no tuvo otra importancia que la de darle experiencia: *María Eugenia*. El director, un señor de cortos alcances, había sido censor de Gobernación y conservaba la marca de su primer oficio: la tapó con una toalla en una escena en que debía salir en traje de baño. La historia no tenía ningún chiste, pero todavía no conquistaba el privilegio de rechazar películas que no le gustaran. *María Eugenia* y *La china poblana* fueron sus dos pecados de principiante. En *La china poblana* pagó una deuda de gratitud que tenía con Fernando Palacios. Era la película de sus sueños, la que había querido hacer con ella desde que le echó el ojo. La hizo por compromiso, a sabiendas de que no era un personaje para ella. "Dicen que la película se quemó en el incendio de la Cineteca —narra irónica María— y que mis fans han removido cielo, mar y tierra buscando una copia. Ojalá esté bien escondida y nunca la encuentren".

"Doña Bárbara"

La Doña

Doña Bárbara fue una película que le cayó del cielo. María no iba a ser la protagonista; ya estaba contratada otra actriz. Acababa de reconciliarse con su padre, que por fin se había resignado a tener una hija fuera de lo común. Ya le andaba por volver a Navojoa, así que le dijo María: "Si se va a ir yo lo llevo a la estación, para que me vea manejar mi Packard nuevo". Ya iba de salida, con el pelo recogido en un chongo, cuando le hablaron de Clasa Films para invitarla a una comida en el restaurante Chapultepec en honor del novelista venezolano Rómulo Gallegos. Se cambió de ropa y llevó a su papá a la estación. Llegó tarde a la comida. El lugar del festejo estaba donde ahora está el cine Chapultepec. Se paró María en la puerta y esperó que alguien fuera por ella y le diera un lugar en la mesa. Su aparición provocó una serie de murmullos. De pronto alguien gritó: "¡Aquí está mi Doña Bárbara!", y otro le hizo eco: "¡Sí, es ella!" Aún ignoraba lo que se estaba fraguando. Le presentaron a Rómulo Gallegos, el primero que había gritado, y de cerca lo impresioné más aún. "Creo que mi chongo fue decisivo —cuenta María—, pues con ese peinado me veía un poco mayor y quizá me tomó por una mujer que entraba en la madurez".

Tuvieron que pagarle sin trabajar a la actriz que habían contratado. A María le dieron el doble de lo que cobró por *María Eugenia*. Desde que leyó la novela supo María que tenía el nervio y la personalidad para interpretar el papel, pero no la edad. El personaje de Gallegos es una señorona que ya viene de regreso de todo. Tuvo que suplir con firmeza, voluntad y toda la fuerza de su carácter los años que le faltaban. La película salió muy bien y fue un éxito formidable porque se compenetró María con el personaje al extremo de sentirse Doña Bárbara. "Los demás actores estaban fuera de tipo —cuenta María—. Julián Soler como Santos Luzardo resultó una mala elección. Se requería un hombre sexy, una fuerza desatada de la naturaleza, y con Julián no daban ganas de hacer nada malo. En cuanto a la actriz que salía de mi hija, estoy segura de que era mayor que yo".

Rómulo Gallegos creyó en María desde el primer vistazo, pero Fernando de Fuentes no le tenía confianza. Él había escogido a su actriz, le había puesto ya todo el papel. De pronto llega María, la ve Rómulo, se encapricha con ella y él se queda con el paquete de dirigir a una principiante. Fue una verdadera sorpresa para él. Tan la conoció y tan le gusto que después la volvió a llamar muchas veces.

"Presentí que la película sería un gran éxito —recuerda María— desde la *premier* en el cine Metropólitan, donde me hicieron subir al estrado con varias estrellas de Hollywood que estaban de visita en México, entre ellas Heddy Lamar, y el público me dio la ovación más fuerte. Hasta entonces, en el cine mexicano la rifaban los hombres. Las mujeres iban de comparsas en papeles de heroínas cursis o madres abnegadas. A partir de *Doña Bárbara* se hicieron más películas para mujeres. No sólo me dio a conocer en toda Latinoamérica, sino que le debo el apodo con el que me conoce toda la gente: la Doña".

La Mujer sin Alma.

La Devoradora.

Un filón de oro

Fernando de Fuentes encontró en María un filón de oro. Hizo una estupenda mancuerna con él. "Era un tipo extraordinario —cuenta María—, de gran gentileza, muy educado, con un comportamiento de gran señor, un comportamiento que me convenía para trabajar. Con *La mujer sin alma* repetimos el campanazo de *Doña Bárbara*. Era la historia de una joven ambiciosa que se vale de su belleza y de su inteligencia para escalar en la sociedad a costa de los hombres que se la disputan. Mucha gente confunde a las mujeres sin alma con las prostitutas. No son lo mismo. Una mujer sin alma como las que yo interpretaba es atractiva, talentosa, triunfadora y se divierte mucho en la vida. Las prostitutas, en cambio, son crueles consigo mismas. Una mujer sin alma no se debe enamorar. Las prostitutas flaquean con el macho y son capaces de todo con tal de echarse a perder la existencia. Por lo general llevan una vida miserable, aunque sea con lujos.

"Quiero aclarar que a mí ningún productor me encasilló en un tipo de personaje. De lo mucho que me ofrecían yo seleccionaba lo que más me convenía en cada momento. Pero si le había gustado tanto al público de *La mujer sin alma*, ¿por qué no continuar por ese camino?"

En *La devoradora*, también dirigida por De Fuentes, su personaje era una soltera que vivía en un departamento de lujo con su sirvienta, algo escandaloso para la época. "¿Cómo puede ser que una joven viva sola?", protestaban los mojigatos. *La devoradora* la consagró como destructora de hogares y enemiga número uno de la moral familiar. De algún modo sedujo a la gente, incluso a la que reprobaba la conducta de sus personajes. En el cine y en la vida, seducir es más importante que agradar.

Empezaba a forjarse su leyenda sin que María moviera un dedo. La imaginación del público hizo todo por ella.

La Doña cambió el vestido de noche por el rebozo cuando entró en contacto con Emilio Fernández y Gabriel Figueroa. Su primera película en equipo fue *Enamorada*. Como en aquel tiempo andaba del tingo al tongo y empezaba una película cuando apenas había salido de la anterior, sólo pudo ver unos *rushes* de *Enamorada* en el cuarto de edición.

"Hace unos años la vi completa —narra María— durante el homenaje que me hicieron en el festival de Huelva y me pareció extraordinaria. Gran película. Una obra maestra del Indio Fernández, de Gabriel Figueroa, de Mauricio Magdaleno, y desde luego mía y de Pedro Armendáriz".

Enamorada tuvo un éxito fenomenal en Europa, tanto de crítica como de público. Fue su trampolín hacia el extranjero. Sin embargo, cuando se la ofrecieron María tenía sus dudas. Como no estaba muy entusiasmada le duplicaron la cantidad que pidió. "Así pasa: cuando uno dice no le va mejor; de lo contrario hay que conceder —cuenta María—. No niego que la historia fuera desde el principio interesante, pero mi personaje estaba por debajo del de Pedro Armendáriz. Hablé con el guionista Mauricio Magdaleno, un escritor que me quiso mucho, y le propuse un trato:

"—Mira, no puedo hacer la película tal como está. Yo ya tengo un lugar y no puedo aceptar un papel pequeño. Ahora que si me lo haces importante, entonces sí le entro".

Mauricio le dio la vuelta a la historia y elaboró un nuevo tratamiento con el que resultó María muy favorecida. De pilón le dio un regalo: la serenata con *La malagueña*, que el *Indio* y Gabriel filmaron tomando un largo *close up* de sus ojos, con intercortes a Pedro.

"El *Indio* tenía fama de enojón —recuerda María—, de insultador, de duro, pero conmigo se portó bien. Se la sentencié al firmar el contrato: 'A la primera que me hagas me voy a mi casa'. No hubo una palabra de más ni de menos, tuvimos una relación de trabajo cordial y armoniosa. El *Indio* era inteligente, sensible, apasionado: una cabeza muy bien puesta en lo suyo. Estuve de acuerdo con él en todo, aunque de vez en cuando me permitía sugerirle cosas. Una tiene que seguir al pie de la letra las instrucciones del director porque sin director sencillamente no hay película".

El único director con quien tuvo dificultades María en México, aparte de Miguel Zacarías, fue un catalán que se llamaba Antonio Momplet. Con él hizo *Amok* y *Vértigo*.

"Este señor creía que para dirigir necesitaba tratar a sus actores a latigazos. Conmigo no pudo. En una ocasión, durante el rodaje de *Vértigo*, se puso a explicarme una escena delante de todo el *staff* de una manera que no sólo me pareció descortés sino majadera, como si yo fuera una idiota y él un genio incomprendido. Lo miré fijamente y le dije:

"—Me voy a mi camerino mientras usted piensa muy bien la disculpa que me va a dar delante de todas estas personas. Hasta que no me la pida yo no vuelvo al trabajo.

"Y me salí del foro. Parece que Momplet hizo un berrinche marca mayor. Dijo a quienes quisieron oírlo que él no iba a rebajarse pidiéndome excusas, que yo quién me creía, que él era la autoridad. Momentos después recibió un jalón de orejas del productor y se le bajaron los humos. Me mandó llamar y delante de todo el equipo se excusó por sus malos modos. Mi actitud no era una pose ni un arranque de temperamento: era una cuestión de dignidad. Como actriz y como ser humano yo siempre exigí respeto".

No sólo Momplet se quiso poner con Sansón a las patadas en esa película: Emilio Tuero también le dio mucha guerra. Con él tuvo que ser María más drástica.

Un amigo de Emilio, el periodista Osvaldo Díaz Ruanova, había escrito en su columna de chismes que la mamá de María trabajaba de mesera en el Regis y por eso no tenía ninguna educación. "El cretino —cuenta María— tuvo el descaro de presentarse un día en la filmación y lógicamente ordené que no lo dejaran pasar al set. Vino Tuero a reclamarme y hubo una discusión con el productor. Por supuesto que esa alimaña no puso un pie en el foro: yo había exigido en mi contrato que sólo entraran actores y técnicos. El siguiente altercado con Tuero se produjo cuando me negué a besarlo en una escena de amor. El productor alegó que yo había aceptado íntegramente el guión y que por lo tanto estaba obligada a filmar la escena.

"—Pues sí, eso dice mi contrato —le dije—, pero cuando lo firmé yo no sabía que al señor Tuero le apestaba la boca".

Por dar esas respuestas se hizo fama de ser una actriz conflictiva, pero en realidad "sólo tuvo roces con la gente mediocre". Con actores de su estatura nunca hubo problemas. Trabajar al lado de Pedro Armendáriz era una felicidad para ella. De todos sus galanes, incluyendo a los europeos, Pedro fue —para ella— el más guapo, el más varonil y el que mejor se compenetró con ella. "Tenía una pinta estupenda, un repeluco sensacional. No necesitaba actuar: le bastaba con su presencia. Cuando Pedro se fue, el cine mexicano perdió a un gigante. Una personalidad como la suya es de las que no se vuelven a dar en cien años".

Cuando ya era la actriz más taquillera y mejor cotizada de México, todavía se dudaba de su talento. "Es bellísima —decían— pero no da la talla en un papel dramático". En *Río Escondido* les demostró que además de guapa era buena actriz. Es una película que le gustó mucho.

Río Escondido es una de sus películas más aclamadas en el extranjero. Dio la vuelta al mundo, pasando por lugares tan apartados como China y la Unión Soviética. "Vi carteles —dice María—, con mi nombre y mi rostro, en ruso, en polaco, en checo, en alemán. La dirección de Emilio y la foto de Gabriel son insuperables. La película y yo ganamos el Ariel".

A partir de *Río Escondido* empezaron a gustarle los papeles difíciles. Buscó deliberadamente interpretar personajes que fueran lo más opuesto a su carácter y físico. Películas como *La diosa arrodillada* o *Doña Diabla* no le exigían un esfuerzo mayor del normal. En cambio, para caracterizar a una india tarasca en *Maclovia* tuvo que hacer milagros. En *Maclovia* consiguió parecer humilde, algo dificilísimo para ella. Pero ningún papel cinematográfico le apasionó y le fatigó tanto como el que la vida le obligaba a representar por aquellos años. En el cine había una historia que guiaba sus pasos. En el amor tenía que actuar sin libreto.

Río Escondido.

Agustín Lara

Cuenta María que desde niña fue fanática de Agustín Lara. Oía *La hora azul*, un programa de la XEW, en un radio chiquito que tenían en la casa de Guadalajara, con sus hermanas y con las Rafo, unas amigas de la colonia. El presentador del programa era el vate López Méndez, uno de los locutores más famosos de entonces. Anunciaba un lápiz de labios con una frase que parecía escrita por Lara: "*Tangee* no ha revelado jamás el secreto de un beso". Luego seguían las canciones de Agustín. Tocaba *Aventurera*, *Mujer*, *Perdida*, *Noche de ronda*, y —decía María— "a mí se me caían las tobilleras de la emoción. Soñaba con oír esa voz cantándome al oído.

"Un día se me escapó decir enfrente de mi hermano Fernando: 'Con este hombre me voy a casar'. Fernando fue de acusón con mi mamá y me castigaron con una semana sin salir al parque, pero de todos modos yo seguí suspirando con *La hora azul*".

Su primer encuentro con Agustín ocurrió cuando tenía muy poco tiempo en México. Un día que iba caminando por Reforma entró María a hablar por teléfono al bar California. En la caseta había un señor flaquísimo que no paraba de hablar. Le tocó el vidrio para que se apurara. De pronto se abre la puerta de la caseta y sale Agustín.

Se quedó catatónica.

—¿Y usted quién es? —me preguntó.

—Y a usted qué le importa. Soy quien soy y qué.

Años después, el actor Tito Novato, que fue compañero de María en *La china poblana* y conocía a Agustín, se ofreció a presentárselo cuando supo cuánto lo admiraba. Fueron los tres a tomar una copa y charlaron como viejos amigos. Al final invitó María a los dos a cenar en su departamento el sábado siguiente y se despidió muy ilusionada: el maestro Lara estaría con ella, tal vez a solas, y podría pedirle que cantara todas sus canciones favoritas. Pero en el transcurso de la semana hubo un contratiempo. Se enteró María de que *Doña Bárbara* sería presentada en el cine Palacio en una exhibición privada el mismo día que había escogido para la cena.

Tenía tantas ganas de ver su película que olvidó la cita con Agustín. Pero el sábado, al salir de casa, se lo encontró con Tito en la puerta del edificio y tuvo que confesarles que con el entusiasmo por la exhibición se le había olvidado el compromiso con ellos. Agustín soltó una carcajada y propuso que fueran juntos al cine y luego a cenar. Al terminar la película elogió mucho la actuación de María y ella pensó que sus alabanzas eran parte de una estrategia para seducirla. Los llevó a cenar a un restaurante y luego lo acompañaron a casa de unos amigos suyos donde tocó el piano hasta el amanecer.

Al final de la reunión, María ya se había hecho el propósito de conquistarlo. Su compañía le gustaba tanto como su música. Fue una atracción recíproca, quizá más fuerte de su parte que la de ella. Desde esa noche empezaron a salir con frecuencia. La colmó de regalos, entre ellos un piano blanco que un día apareció en su departamento con una tarjeta que decía: "En este piano sólo tocaré mis más hermosas melodías para la mujer más hermosa del mundo". Al verlos en público, los periodistas empezaron a decir que andaba con él por hacerse publicidad, pero en ese momento María iba para arriba y él para abajo, de modo que fue ella quien le dio un levantón.

Los primeros años de su relación fueron muy felices.

"Agustín era muy sexy —cuenta María—. Tenía la voz más excitante del mundo. Ya con la luz apagada, la voz es lo que más conmueve. Toda la gente lo veía feo, pero en la intimidad le ganaba a cualquiera. Estaba un poco acomplejado por su cicatriz. Yo le decía que le iba muy bien, que le daba personalidad. Creo que si no se la hubieran hecho él se la debería haber mandado hacer. Le daba un ambiente canalla que atraía mucho a las mujeres.

"Como amante era una maravilla, seguramente por la experiencia que adquirió cuando tocaba el piano en casas de citas. La levantada era siempre tarde con Agustín, porque se desvelaba mucho. "Trabajaba en centros nocturnos, y como yo salía temprano a los estudios, a veces nos dejábamos de ver toda la semana. Mejor para nosotros, porque así nos veíamos con más gusto, sin caer en la rutina de las parejas convencionales, que aburre y desgasta.

"Agustín creaba en torno mío un ambiente de amor, desde la manera de despertarme hasta la ternura con que me trataba enfrente de los demás. Tenía un comportamiento de príncipe. Me llevaba el desayuno a la cama y luego me invitaba a la recámara donde grababa sus canciones. La primera canción que me compuso fue *Saca los nardos, morena*, una noche que nos desvelamos hasta la madrugada. Al día siguiente la estrenó en su programa de la W, que se llamaba *La hora íntima de Agustín Lara*".

En las noches que tenía libres la llevaba a cenar y a bailar. Iban mucho al Ciro's, un cabaret del hotel Reforma donde se reunía el *tout Mexique* de entonces y donde los cronistas de sociales iban a recoger chismes. De la elegancia pasaban a los tugurios del centro, donde Agustín era el rey. Recorrían el Leda, el Esmirna, el Salón México y otros cabarets. María se sentía muy protegida en esos lugares, porque las mujeres alegres habían visto sus películas de mujer sin alma y la consideraban una de ellas. Lara y María juntos éramos un espectáculo popular. Dondequiera que se presentaban pasaba algo. Una noche, saliendo del Capri, fueron a rematar al Esmirna, y cuando entraron un pelado le gritó a Agustín:

—¡Ese mi flaco de oro, tóquese la mula *Pecadora* mientras yo chancleteo con su greñuda! ¿No?

Cruzaron una sonrisa y Agustín se dirigió al piano a tocar *Pecadora*, pero antes volteó hacia el tipo y le dijo:

—La mula *Pecadora* ahí te va, pero mi greñuda no chancletea con nadie.

En otra ocasión fueron a un bar que se llamaba El Gran Vals, donde tocaba valses un trío de piano, violín y chelo. Se sentaron en un reservado y de repente vino una fichera que se le quedó mirando muy feo. Molesto, Agustín iba a llamar al capitán de meseros cuando la tipa le dijo:

—Realmente, señora, qué hermosa es usted. Permítame que le regale una flor —y se quitó una rosa que traía en la cabeza.

Los domingos iban a las corridas de toros. Siempre sentados en barrera de sol, eran el blanco de la picardía popular. Le gritaban: "María, vas a acabar con el flaco", y un día que Agustín llevaba un traje negro alguien gritó: "¡María vino con paraguas!" Al principio las burlas les caían en gracia, pero luego la gente se puso muy grosera y Agustín ya no la quiso llevar a las corridas ni al box. "Tú eres una reina —decía— y no voy a permitir que te falten al respeto".

"Lo quise mucho —contaba María—, pero no a ciegas. Para eso hay que perder el control de la voluntad y yo nunca me abandono totalmente a un hombre. Para que haya un amor ciego debe haber mucho secreto y mucho misterio. Eso era imposible con Agustín, porque llegué a conocerlo demasiado, aunque siempre tuvo secretos para mí. No era melancólico, como cree la gente, pero sí extraño. A veces quería decirle algo y él pasaba de largo como si yo no existiera: estaba ido. Era entonces cuando me preguntaba si no sería cierto el rumor de que Agustín era adicto a la cocaína y fumaba marihuana para inspirarse. Una mañana entré al baño de su cuarto a buscar una navaja y en el botiquín encontré una hoja de papel doblada. Sudé frío al descubrir que contenía un polvo blanco. Para salir de dudas probé un poco del polvo aquel y me senté a esperar una reacción que nunca se produjo: eran polvos de sulfatiazol.

"La única droga que de verdad le gustaba era el éxito. Pretencioso y farotón, se paraba en sus tacones de músico poeta porque sabía muy bien cuánto valía su talento. En público, de pronto se soltaba a hablar en francés para apantallar a la concurrencia, sobre todo cuando había otras mujeres bonitas alrededor. Yo lo dejaba coquetear con todas porque pensaba: el día que ya no me quiera, que se largue.

"Una de las cosas que más le agradezco es el haberme ayudado a recuperar a mi hijo. Un día Quique me escribió que su padre quería internarlo a la fuerza en un colegio de San Luis Potosí, y me rogaba que fuera por él. Ya era famosa, tenía más dinero y más influencias que mi ex marido. Me había llegado la hora de la venganza. Le mostré la carta a Agustín y me dijo: 'Yo te ayudo, vamos a recuperarlo, vamos por él a Guadalajara'".

Tomaron dos coches, Agustín se quedó en Morelia a esperarla y María siguió hasta Guadalajara con el chofer. Llegaron ya entrada la noche. La abuela de Quique la quería mucho, también a Agustín: estaba enamoradísima de él porque había venido con el niño a pasar unas vacaciones con ellos. Era una mujer muy fina, de una de las grandes familias de Guadalajara, los Alatorre. Le dijo María que se iba a llevar a Quique a tomar un helado y accedió sin olerse nada. Luego, mientras él saboreaba un helado, le dijo que había venido para llevárselo a México y salvarlo del internado. Se puso muy contento pero quería que su abuela viniera con ellos. Le explicó María que de momento no era posible, pero que más tarde la invitarían a visitarlos.

Esa misma tarde llegaron a Morelia, donde los esperaba Agustín. Subieron a su coche y el de María continuó el viaje con el chofer, por si alguien los perseguía. Ya en México llamó María por teléfono a la abuela para calmar su angustia y le dijo que de ahí en adelante Quique viviría con ella. A los pocos días el padre vino a reclamarlo muy enojado y entonces lo enfrentó:

—¡A ver, ahora quítamelo, vamos a ver quién puede más!

Y no pudo hacer nada, porque María tenía amigos muy poderosos en el gobierno.

Batalló mucho con Quique porque su abuela lo tenia muy mimado. Pero con paciencia y con la ayuda de Agustín logró educarlo. Él quería mucho al niño y lo trataba como hijo suyo, pero a veces Quique no se dejaba querer. Una vez Agustín lo regañó porque había hecho una travesura y el niño se quiso vengar. A la hora de la comida Agustín se sirvió agua de jamaica y al probarla hizo un gesto de repugnancia.

—Esta agua tiene algo, sabe a rayos.

Quique había querido envenenarlo mezclando champú y gotas para la nariz en la jarra de agua.

Cuando le acababan de otorgar la patria potestad de su hijo tuvieron un accidente que por poco les cuesta la vida. Habían ido con Agustín a un banquete que les ofreció el presidente municipal de Tehuacán, que era un gran admirador de los dos. Al terminar la comida dieron una vuelta por el mercado del pueblo. Enrique vio unas calandrias preciosas y le pidió a María que se las comprara. Ella no quería porque decía que los pájaros son de mal agüero en los viajes, pero el niño se encaprichó y Agustín tuvo que comprárselas. De regreso a México, en la carretera México-Puebla, se les ponchó una llanta yendo a toda velocidad. El coche se salió del camino y se voltearon en unos huizaches. Agustín, que iba al volante, salió con una pierna fracturada y el niño se hizo dos cortadas en la cara. Por fortuna María quedó ilesa y se bajó a pedir auxilio a los automovilistas que iban pasando. Gracias a su amistad con Renato Leduc el incidente no llegó a la prensa. De lo contrario, el papá de Quique lo hubiera tomado como pretexto para exigirle de nuevo la custodia del niño, alegando que su vida corría peligro con ella.

Sus amigos poderosos fueron la causa de las primeras dificultades con Agustín. María parecía un imán para los políticos. Hubo un general muy conocido, miembro del gabinete presidencial, que le ofreció casas, automóviles, pieles, dinero. Algunas personas creyeron que María era su amante y el chisme corrió por todo México. Lo malo era que esos rumores llegaban a oídos de Agustín y él era tremendamente celoso. Tenía una manera de celar que no le convenía para nada. Cuando estaba de buenas le hacía canciones maravillosas, pero en sus ataques de celos la interrogaba como un detective: "¿Con quién fuiste a cenar anoche? ¿Quién es el tipo que te habla por teléfono? ¿Por qué aceptas regalos de otros?"

Posiblemente habría durado más tiempo con él si hubiera tenido mejor carácter, pero a María sus celos le aburrían a muerte. Le hizo muchas escenas desagradables porque se creía engañado. Un día de su santo fue María a la joyería Kimberly de Madero a comprarle unas mancuernillas grabadas con sus iniciales. Se las prometieron para las dos de la tarde, pero cuando fue por ellas no estaban listas y tuvo que esperarse hasta las cuatro. Ese día, por casualidad, el flaco llegó a comer a la casa (normalmente comía fuera) y se puso furibundo por no encontrarla. Cuando por fin llegó María con las mancuernillas aventó el regalo y se encerró en su cuarto muy enojado. Esa noche habían invitado a cenar a Renato Leduc y a Tito Novaro, pero al llegar percibieron el ambiente hostil que se respiraba en la casa y se retiraron discretamente.

"Además de celoso —cuenta María—, Agustín era hipócrita: lo caché en varias mentiras. No me contaba todo sobre su vida, ni yo se lo preguntaba, pero le sabía cosas que a la hora de los pleitos me daban ventaja. Es una protección inmensa saber de la pareja más de lo que él sabe de una. Supe que tenía dares y tomares con una tiple del teatro Lírico, de ésas de asentaderas muy polveadas. En vez de armar un escándalo, como hubiera hecho una mujer celosa, me guardé la información para utilizarla en el momento oportuno.

"Me casé con Agustín cuando las cosas ya iban mal entre nosotros. En realidad me casé para divorciarme. Tenía cinco años de vivir con él, empezaba a cansarme y no sabía cómo terminar la relación. En un viaje a Navojoa hablé del asunto con Chefa y ella me aconsejó:

"—Si has vivido con ese hombre tanto tiempo, no te vas a ir así nada más, ¿verdad? Tú no eres cualquier cosa, ponte importante con la gente, cásate y luego déjalo. Ponle placas al coche, que circule".

Se casaron por lo civil en la Nochebuena de 1945, en una fiesta para íntimos a la que asistieron Renato Leduc, Ernesto Alonso, la secretaria de María, Rebeca Uribe; Armando Valdés Peza y su hermano Fernando.

Agustín mandó cubrir la chimenea de heno perfumado y foquillos multicolores. Después de la cena abrió botellas de champaña como para emborrachar a una multitud y pidió a los invitados que rompieran las copas donde bebían. Sobró tanta champaña que Agustín tuvo la ocurrencia de regar con ella los rosales del jardín "para embriagar a las rosas".

De luna de miel fueron a Acapulco, a un hotel que ya tiraron, El Papagayo. Eran unos búngalos de lujo enfrente de la playa de Hornos. Ahí le compuso *María bonita*. Era un regalo para ella que al principio no quiso grabar, para no compartir su intimidad con el público. En el primer aniversario de bodas se la llevó de serenata con Pedro Vargas y entonces lo convenció de que la incluyera en un disco. En plena luna de miel, Agustín tuvo un gesto de crueldad que para María fue una señal de peligro. Estaban en la playa junto a un montículo de arena del que salió una iguana. Agustín la vio y le tiró una pedrada. María le dijo que no la matara, porque la iguana era uno de sus animales preferidos, pero él se puso en el papel de macho bromista y aplastó contra unas rocas al pobre animal. Nunca se lo perdonó. Sintió María que el día menos pensado podía hacer lo mismo con ella.

Le pidió perdón de una manera muy poética. Estaba María filmando *Enamorada* y un día le mandó un enorme ramo de rosas en forma de corazón. Al abrirlo encontró una sorpresa: su hijo Enrique estaba dentro del ramo. El regalo se repitió día tras día, ya sin Enrique, y Gabriel Figueroa, que era el pretendiente en broma, se aprovechó de la situación para quitar las tarjetas de Agustín y regalarle los ramos a nombre suyo.

Poco después de la boda tuvo María un golpe de suerte de esos que se dan una sola vez en la vida. Debemos retroceder en la narración para contar los antecedentes. Recién separada de Enrique Álvarez, cuando María se vino de Navojoa a México porque ya no aguantaba el ambiente de provincia, se encontró en el tren Sudpacífico a un amigo de su padre establecido en Guadalajara que era muy rico y le triplicaba la edad. Tan rico era que cuando le preguntaban si era de Guadalajara, él respondía: "Guadalajara es mía". Al verla sola en el tren naturalmente le echó los perros. María no quiso para nada y lo mandó a volar, pero él siguió insistiendo todo el viaje: "Mira, yo te puedo ayudar —le decía—. ¿Quieres ir a una gran escuela? ¿Quieres vivir como una princesa?" "Gracias, le dijo María, no quiero nada", y así hasta que llegaron a México.

Después le estuvo hablando a casa de la señora Russek: "Vente a tomar un café, vamos a tomar una copa", y a veces María aceptaba sus invitaciones pero en buen plan, tratándolo nada más como amigo. Pasaron los años y se perdieron la pista. María ya estaba casada con Agustín cuando volvió a aparecer en su vida. En el año 46 hubo una huelga de gasolineras en el Distrito Federal y Agustín le dijo una mañana: "Oye, Maruca, ¿no quieres ir a ponerme gasolina? De seguro que por ti rompen la huelga". María le hizo el favor y salió a la calle, porque aunque no era una mujer sumisa, sabía tener atenciones con el señor de la casa. Cuando los empleados de la gasolinera la vieron llegar, quitaron las banderas rojinegras y le llenaron el tanque a cambio de unos autógrafos. De regreso a casa vio María a un tipo misterioso que la seguía en un coche y pensó: ¿pero esto qué es? ¿Me querrá secuestrar o qué? De repente se le cierra el tipo y tuvo que darse un enfrenón. "¿Qué quiere usted?", gritó María. "No se trata de ningún galanteo —explicó—. Soy abogado y quiero hablarle de un asunto que le conviene a usted, no a mí. La he seguido porque no me pareció prudente verla en su casa. El asunto es muy delicado".

Se trataba de una herencia. El multimillonario amigo del padre de María acababa de morir y le había dejado una parte de su fortuna. Fue María al despacho del abogado y ahí se enteró de que la viuda ya lo sabía, pero no pudo impedir que recibiera la herencia, porque el testamento era muy claro. Fue un homenaje de aquel señor.

"Lo que admiró de mí fue mi resistencia —contaba María—, mi fuerza de voluntad para decir no, y quiso que yo lo recordara toda la vida. Hice todos los trámites en secreto para no lastimar a Agustín. ¡Lo que hubiera pensado si llega a enterarse!"

Con el dinero de la herencia y lo que había guardado María de sus películas compró una casa en Aristóteles 127. Se mudó María porque le daba seguridad ser la dueña de su propio terreno. Agustín estaba cada vez más pesado con los celos. Sospechando que la casa no había salido de sus películas, insistía en saber quién era su amante, y como a ella le daba coraje que fuera tan desconfiado empezó a ignorarlo y a decirle que se marchara cuando quisiera.

Una noche tuvieron un pleito tan fuerte que a la mañana siguiente agarró María sus maletas y se fue a Nueva York, dejándolo dormido en la casa. Cuando se despertó María ya iba en el avión con su amigo Valdés Peza, que por ser homosexual era el acompañante perfecto para esos viajes. En su ausencia Agustín compuso *Humo en los ojos* y *Cuando vuelvas*.

Cuando volvió María se las regaló en señal de reconciliación, pero la concordia no duró mucho. Poco después Agustín descubrió que María había traído de Nueva York unas alhajas, regalo de un admirador que le salió por allá, y le hizo una escena terrible de la que fue testigo Ernesto Alonso, a quien le presentó las joyas como prueba de su perfidia. Entonces María le recordó sus infidelidades con una tiple de nalgas polveadas, lo puso en la puerta y mandó sus trajes al Teatro Arbeu. Por instrucciones de María, el chofer entró al patio de butacas con sus trajes envueltos en una manta que tenía bordadas las iniciales de María, y cuando Agustín estaba empezando a tocar *Mujer*, la primera canción de su *show*, le tiró la ropa al escenario enfrente de todo el público. Tuvo que suspender la pieza para recoger sus calzones.

Pero él no se dio por vencido, y sus celos por poco le cuestan la vida a María. El año 1947, quizá el mejor de la carrera de María, fue uno de los más tristes de su vida en el aspecto sentimental. Era la actriz mejor pagada de México, empezaba a tener ofertas del extranjero y el regente Corona del Rosal·la coronó Reina de la Primavera en una ceremonia a la que asistieron varias estrellas de Hollywood. México estaba rendido a sus pies, pero la relación con Agustín ya era un desastre.

Entonces él trabajaba todas las noches, María hacía *Río Escondido* y casi no se veían. Una mañana María se levantó muy temprano, como a las cuatro, porque a las cinco iba a llegar su peinador y el llamado era a las seis en Palacio Nacional. "Entonces Agustín salió de su cuarto y vino a mi recámara —cuenta María—. Yo ni le pregunté qué andaba haciendo despierto. En un mueble de mi cuarto estaban las trenzas que yo usaba en la película. Para recogerlas tenía que pasar por el cuarto de baño y ahí me siguió Agustín. 'Maruca', me dice. Yo estaba parada frente a la ventana y al voltear lo vi sacar una pistola. Instintivamente me agaché y en ese momento soltó un balazo que me pasó arribita de la nuca. Abajo estaba mi maquillista Armando Meyer, que oyó la detonación y subió la escalera corriendo. Su presencia evitó un segundo disparo.

"No sé cómo pude ir a la filmación después de un susto como ése. Las manos me temblaban en el volante y tenía los ojos húmedos, como queriendo llorar pero sin llorar. Cuando llegué me dijo Gabriel Figueroa: 'Óyeme, te veo muy rara, ésta no es una escena de lágrimas. Vienes a ver al presidente de la República pero no vienes llorando. Mira, te voy a dar un premio. ¿Ves el candil que está ahí arriba? Si no lloras te lo voy a poner de corona'. Y así fue como salió la película. Gabriel era y es una liadísima persona. Gracias a él pude pasar ese trago amargo, uno de los más terribles de mi vida".

Cuando terminó *Río Escondido* llevó a Quique a una escuela militar de Los Ángeles, para que no lo afectaran las turbulencias de una separación que ya era inminente. Después del balazo Agustín le pidió perdón de rodillas. María lo perdonó porque en el fondo era noble, pero no quise volver a la casa. Entonces le llegó una oferta del productor Cesáreo González para hacer varias películas en España. Se lo dijo a Agustín y él la quiso acompañar. María se negó y él se empeñó en que mientras fuera su esposa no la dejaría viajar sola. Tuvo María que posponer el viaje para el año siguiente mientras arreglaba el divorcio. Poco antes de tomar el avión a Madrid recibió una carta de Agustín en la que volvió a mostrarse como un caballero:

Ni tu ni yo, María, creemos en la casualidad. Hay un supremo designio, absoluto y eterno, que une a las almas o las separa. Los filósofos llaman a este fenómeno, destino. Los gitanos le llaman suerte. Y esto ha sido para mí encontrar el diluvio de cascabeles de tu risa, tu rebeldía, tu inconsciencia, tu calidad humana y, por fin, tu amor.

En España encontrarás un nuevo templo donde todas las religiones se vuelven una sola; un idioma que habla toda la humanidad; una música que cantan los hombres y los pájaros y el mar y los árboles y la sangre: ¡Bendita seas!

Maclovia.

Por mandón

Antes de viajar a Madrid, María rechazó una oferta de matrimonio de Jorge Pasquel, que puso a sus pies una de las mayores fortunas de México. Pasquel era de Veracruz y conocía desde la infancia a Miguel Alemán, quien le daba trato de hermano. Cuando le hizo la corte estaba en la cumbre de su poder, porque su amistad con el presidente le abría todas las puertas, dentro y fuera de México. "Tenía un físico de atleta —contaba María—, pero su principal atractivo era el desprendimiento. No reparaba en gastos con tal de halagar a una mujer. Cuando hice *Maclovia* me llenó de atenciones. Una vez le dije por teléfono que se había acabado el hielo en el hotel de Pátzcuaro donde estaba hospedada con todo el equipo de filmación y a la mañana siguiente me mandó un hidroavión con un refrigerador. Le di las gracias impresionada y él quiso mandarme todos los días el hidroavión con manjares y golosinas. Era un lujo excesivo que contrastaba con la pobreza del lugar, y entonces le pedí que en vez de enviarme caviar y langostas, llenara el hidroavión con sacos de maíz, arroz y fríjol para repartirlos entre los indios de Janitzío. Era lo menos que podía hacer por la gente del pueblo, que se portó de maravilla conmigo.

"Otro detalle magnífico suyo fue sacarme de un aprieto cuando me quedé sin maletas en Nueva York. Estaba trabajando en un teatro latino en un show en el que tocaba la guitarra y cantaba canciones de Lara. Yo no tenía voz pero era entonada para cantar bajito, y ganaba mis buenos dólares con esas presentaciones. Un sábado, cuando ya estaba por terminar mi temporada en el teatro, el equipo de ayudantes que me acompañó al viaje se fue al aeropuerto con mis cuarenta maletas, dejándome sin un triste vestido para el día siguiente. Al verme sin ropa llamé por teléfono a Jorge y le dije:

"—Fíjate que estoy en un momento muy difícil. Se llevaron mis maletas y no sé qué hacer, es sábado y todas las tiendas están cerradas.

"—No te apures —me tranquilizó—, en este momento llamo al Saks de la Quinta Avenida. Voy a pedir que te abran la tienda para que saques lo que necesites.

"Minutos después me habló por teléfono la señorita de *public relations* de Saks para decirme que fuera de inmediato a escoger la ropa que me gustara porque lo había pedido mister Pasquel. Vino a recogerme una limusina, me abrieron la tienda para mí sola y esto fue que pieles por aquí, que vestidos por allá y docenas de zapatos, abrigos, sombreros".

Por fortuna María se dio cuenta a tiempo de que Jorge no le convenía. Como buen mexicano era tremendamente celoso. Cuando Gabriel Figueroa le llevó a firmar a su casa el contrato de *Maclovia*, Jorge se portó muy grosero con él. Desde que los presentó lo vio raro. Como Figueroa era muy cariñoso con ella, lo tomó por un rival y no pudo ocultar su enojo. Se sentaron los tres a comer en un ambiente de insoportable tensión. Al día siguiente debían salir a Pátzcuaro por carretera y Gabriel tenía su carro en el taller. María le propuso que se viniera en su Cadillac, él aceptó y Jorge se les quedó mirando con desconfianza. Pasaron a otro tema, pero él estaba furioso y de pronto, sin decir con permiso ni nada, se levantó de la mesa y salió de la casa. Cuando Gabriel se fue lo encontró en la puerta, haciendo tiempo en su coche.

Volvió a entrar y tuvieron una discusión. María le pidió que tratara a Gabriel con más respeto, asegurándole que sólo era un amigo, y al día siguiente estuvo muy amable con él, pero ahora Gabriel era el ofendido. Jorge iba a llevarlos a Pátzcuaro en su Cadillac de siete plazas y le pidió que se viniera con ellos en el asiento de atrás.

—No, gracias —le dijo Gabriel—, fíjese que yo me duermo en la carretera y no quiero recargarme en ninguno de ustedes.

Total que se fue adelante y en todo el camino le venía haciendo gestos por el espejo retrovisor, burlándose de Jorge, que tenía la conversación más desabrida del mundo. Los tuvo dos horas oyéndolo hablar de los problemas que podían ocasionar los pelos enterrados en el cuello y del barbero que le había recomendado Miguel Alemán para que lo rasurara científicamente. A la mitad del camino le preguntó a María si ya tenía hambre. Ella le dijo que sí y sacó una mano para que se detuvieran las seis camionetas que las venían escoltando: una para su profesor de gimnasia, otra para el comandante con quien practicaba el tiro al blanco todos los días, otra para su barbero y otras que nunca supo María para qué servían. Cuando se bajaron del coche ya estaban las mesas puestas con comida caliente.

Después de la comida Jorge retó a Gabriel a echar unos tiros al blanco. Le trajeron un estuche con cuatro pistolas, escogió una 45, y como a veinte metros le pusieron una hilera de coca-colas. Recargó el codo en el estómago, apuntó y en tres segundos las tiró todas.

—Yo me río de los charros que sacan ustedes en el cine tirando con el brazo suelto —le dijo—. Nadie puede tirar así porque lo tumba la pistola. Le toca a usted.

Gabriel se había quedado perplejo y para no hacer el ridículo dijo que tenía el brazo dormido por tantas horas de viaje. "Pobre de mí —pensó María— si llego a casarme con Jorge. Agustín me tiró un balazo y falló, pero con un campeón de tiro no tenía escapatoria".

Otra de las cosas que no le gustaban de él era su actitud mandona. Un día le quitó el cigarro de la boca y lo aplastó en el suelo, porque le tenía horror a los fumadores. Ese tipo de cosas pintan un futuro. Llegó un momento en que María sintió necesario separarse de él para enfriar un poco su relación, y el viaje a España le vino como anillo al dedo. El día que se despidieron, la víspera de su salida a Madrid, María le dijo adiós con el cigarro en la boca.

En España

Cesáreo González, el productor que la llevó a España, tenía muchas ligas con México. Había sido panadero en Puebla, hizo una gran fortuna y volvió a su tierra con dinero para invertir en el cine. Había visto *Enamorada*, le gustó la personalidad de María y vino a México para contratarla. Por supuesto, la prensa se apresuró a inventarles un romance. Decían que por su culpa Cesáreo había dejado a su esposa y a sus hijos en la miseria, como los galanes otoñales que María arruinaba en las películas. De ese modo aprovechaban la inclinación del público a confundir la vida real con la imagen de vampiresa que tenía en la pantalla.

Cuando María viajó a España sacó a Quique del colegio militar de Los Ángeles, donde pasó una temporada muy corta, y lo mandó a un internado en Toronto, el Upper Canada College, donde la disciplina era menos rígida. Estuvo una semana en México y ya no se quería separarse de ella. Cuando lo despidió en el aeropuerto le dijo desde la escalera del avión, agitando su manita: "¡Mala madre, adiós!" El reproche no le hizo mella a María porque sabía que el principal beneficiado con la separación iba a ser él. "Yo tenía la responsabilidad de educarlo —cuenta María— y eso para mí era más importante que tenerlo conmigo para hacerle cariños. El amor de madre siempre me ha parecido la cosa más cursi del mundo. Por eso le dije desde que llegó a vivir conmigo: 'Yo no te saqué del internado para tenerte pegado a mis faldas. Te saqué para darte una educación. Si de veras me quieres tienes que aprender a estar solo'".

Con todos sus asuntos arreglados cumplió María su anhelo de viajar a España. Tomó un avión Constellation con toda su suite de asistentes: peinadora, maquillista, secretaria, costurera, y su inseparable modisto Valdés Peza, un hombre culto, educado, mundano, con el que pasaba ratos muy divertidos. Llegaron a ser íntimos amigos y le puso María un apodo muy adecuado para su carácter: el mago Carrasclás, porque era amable por delante y malvado por detrás. En el avión hizo María amistad con el dramaturgo Luis G. Basurto. Le pidió un dulce de cajeta, charlaron y a partir de ahí se unió a su séquito de acompañantes. Por su gran estatura María le decía que era "un alto en su camino" y como inspiraba respeto le daba a cuidar el maletín donde llevaba sus joyas, al que le decía "el niño", en alusión a una leyenda macabra que los diarios amarillistas habían hecho circular en aquel tiempo, según la cual María llevaba en ese cofre los restos de un hijo abortado por el que sentía un afecto enfermizo.

Sus películas habían sido un éxito en España —especialmente *Enamorada*—, y en el aeropuerto de Barajas acudió a recibirla una multitud. El primer reportero que fue hacia ella al bajar del avión le dijo:

—Nos dan gato por liebre. México nos manda una mujer deforme.

—¿Deforme? ¿Por qué?

—Porque tiene usted los ojos más grandes que los pies.

En la aduana le presentaron a Luis Miguel Dominguín, que venía de Sevilla, y como los españoles son tan efusivos le plantó un beso.

Jorge Pasquel la vio retratada con Dominguín en los periódicos de México, se creyó engañado y como era tan orgulloso fue a desquitarse a la casa de María en Aristóteles. Entró hecho una furia empujando a la servidumbre y destrozó todas las lámparas, vajillas y adornos de cristal cortado. No pudo María tomar represalias porque en un pleito legal él llevaba las de ganar, y nunca más lo volvió a ver. Murió unos años después, joven todavía, piloteando una avioneta que estalló en el aire.

Al día siguiente de llegar a Madrid, en un paseo por la Gran Vía, tuvo María la suerte de encontrar a su amigo Pedro Corcuera, un mexicano emparentado con la nobleza española que le presentó a gentes muy notables de España, como por ejemplo el duque de Alba, con quien sostuvo una larga y estrecha amistad.

En aquellos años la alta sociedad española era tapada, excluyente, muy secreta en sus libertinajes, y la Iglesia mandaba en todas partes con una arrogancia tremenda. Por suerte María se desenvolvió en un ambiente más libre, donde se respetaba exteriormente a la Iglesia, pero sin hacerle caso.

Al poco tiempo de llegar a España recibió María un homenaje de Agustín, que todavía no se resignaba a su ausencia. Una noche se fue María de fiesta con Amparo Rivelles, Cesáreo González y Luis G. Basurto. Iban entrando al cabaret Villa Fontana cuando Ana María González, al verla llegar, comenzó a cantar el chotis *Madrid*. María sabía que Agustín se lo había dedicado, pero al oírlo por primera vez la sacudió una profunda emoción. Por un momento se quedó parada en el pasillo, con el pulso agitado, recordando al flaco. Luego tuvo un gesto de energía y comenzó a caminar hacia la mesa de pista que les habían reservado. Finalmente Agustín se salió con la suya. No pudo acompañarla al viaje físicamente, pero a través de su música la acompañó en espíritu. No lo llegó a extrañar, sin embargo, porque si algo le sobraba a María en España era la compañía masculina.

"Luis Miguel Dominguín —narraba María— fue un capricho pasajero. Estaba bonito, era joven y gozaba de mucha popularidad en España. Le gustaba disfrutar la vida y yo tenía un carácter parecido al suyo, así que hubo buena química entre los dos. Lo vi en algunas de sus corridas y recuerdo muy especialmente la de la plaza de Linares, cuando murió Manolete, que también era amigo mío. Fue una tarde horrorosa. Dominguín y Manolete estaban de pique, se decían cosas hirientes desde el paseíllo. Tal vez por eso Manolete perdió el aplomo. La cogida sucedió en el preciso instante de entrar a matar, cuando el toro y el torero están frente a frente, con un cincuenta por ciento cada uno de probabilidades a su favor. Creo que todavía no me repongo de la impresión porque desde entonces, cuando voy a una plaza de toros, recuerdo aquella tarde y me siento mal.

"Sin embargo, mi amor por la fiesta brava no ha disminuido. Es uno de los pocos espectáculos viriles que nos quedan en estos tiempos de hedonismo. Como artista, el torero debe tener tanto o más talento que un pintor o un poeta, pero además arriesga la vida en cada faena. El hombre que se para frente a un toro me recuerda el valor y el arrojo que alguna vez tuvo la raza humana, cuando luchaba con las fieras en una guerra a muerte".

Su primera película española fue *Mare Nostrum*, una historia de espionaje donde interpreta María a una especie de Mata-Hari. La dirigió un hombre de mediano talento, Rafael Gil, y su galán era Fernando Rey. En algunos momentos, el personaje que interpretaba María tenía desplantes que parecían copiados de su carácter. En la escena final, cuando iban a fusilarla y el carcelero le preguntaba cuál era su última voluntad, María respondía: "¡Que traigan mis joyas y mi espejo!"

Al terminar *Mare Nostrum* se fue María a curar una sinusitis a Palma de Mallorca, donde tuvo una experiencia conmovedora. Estaba tomando el sol en la playa del hotel Formentor, cuando vino hacia ella una barca de pescadores.

—Hey, guapaza, ¿no quieres ir a Mahón?—le dijo el que echaba las redes, un joven musculoso y curtido por el sol—. Nosotros vivimos allá y tenemos que volver ahora mismo.

—Pero ¿cómo quieren que me vaya así como así? No estoy loca para subirme sola con cuatro hombres.

—Yo respondo por los chavales —me dijo un viejo que los acompañaba—. Son mis hijos y les he enseñado cómo tratar a las damas. Suba usted sin temor.

"Acepté la invitación —cuenta María— porque tenía ganas de una aventura. Ninguno de los pescadores me faltó al respeto en toda la travesía, y en agradecimiento a su nobleza me quedé a dormir en su casita de Mahón, en un camastro que me acondicionaron para pasar la noche. Al otro día con una remojada de pelo ya estaba lista para salir a pasear, porque a esa edad no necesitaba champú ni nada. Fui a dar una vuelta por la isla y entré a un pequeño museo donde se exhibían caracoles y conchas marinas. Me quedé viéndolas un largo rato, fascinada con sus formas y sus colores.

"—¿Le gustan? —me preguntó el cuidador del museo, un anciano cejijunto de bastón y cabellos blancos.

"Asentí con la cabeza. El viejo sacó sus llaves y abrió una de las vitrinas:

"—Llévese lo que quiera.

"—No puedo, es propiedad del museo.

"—Soy feo, pobre, no tengo ninguna esperanza, pero quiero hacer feliz a alguien antes de morir. Habré robado por una bellísima mujer.

"Y entre sollozos me contó su vida: nunca se había casado, llevaba cuarenta años cuidando ese museo, cuarenta años en que no le había pasado nada bueno ni malo. Al verme tuvo la revelación de que todo ese tiempo había estado esperándome.

"—Éste es el tesoro que guardé para ti. Llévatelo.

"No podía defraudarlo. Me llevé todas las conchas de nácar que me cupieron en las manos y un caracol verde que todavía conservo".

En el cine español de la posguerra había gentes muy talentosas: José Luis Sanz de Heredia, Fernando Rey, Manolo Goyanes, Miguel Mihura. Si los resultados en pantalla no siempre estaban a la altura de otros países era porque la industria española todavía no se desarrollaba. En materia de avances técnicos México había progresado más rápido. Pero a pesar de tener todo en contra, las películas de María tuvieron dignidad y estilo. Después de *Mare Nostrum* hizo *Una mujer cualquiera*, sobre un guión de Miguel Mihura. Su papel era muy interesante: una prostituta acusada de asesinato que se enamora de su delator. Por desgracia le pusieron de galán a un pésimo actor portugués, Antonio Vilar, que no sabía una palabra de español y tuvo que ser doblado al cuarto para las doce.

En España vivió María cerca de tres años. Primero en el hotel Ritz, luego en el Palace, que fue como su casa.

Mare Nostrum.

Una Mujer Cualquiera.

Ir y venir

A México regresaba por temporadas cortas, entre película y película. En contraste con el afecto de los españoles, encontraba una actitud morbosa y hostil hacia ella. Llegó a mediados de 1949, para arreglar asuntos de negocios, y poco después la prensa la involucró en un escándalo de nota roja. María tenía una secretaria, Rebeca Uribe, a la que contrató por su cultura y su eficacia, ignorando por completo cómo era su vida privada. Escribía poemas, andaba siempre callada, y para disimular un poco su fealdad se recogía el pelo en un chongo adornado con lazos multicolores. Agustín y María le decían la Fijada porque a veces se quedaba con la mirada perdida sin hacerle caso a nadie, pero nunca se les ocurrió que esas distracciones fueran efecto de la droga.

Una mañana de agosto, el cadáver de Rebeca fue hallado en el motel Tony's Courts. La encontraron desnuda sobre la cama; con una jeringa sobre el buró. Según los testigos había llegado ahí la noche anterior con una amiga muy alta que llevaba un abrigo de pieles. A las siete de la mañana la amiga salió en su coche y dejó a Rebeca agonizando en el cuarto. La autopsia reveló que había muerto por una sobredosis de cocaína. En su bolso encontraron una foto de María y ese dato bastó para que los periódicos la acusaran de ser la misteriosa amiga que salió del motel.

Pronto se descubrió que la acompañante era una señorita de apellido Mendoza, hija de un general, pero en el ínterin la prensa le cargó el muertito. "No es verdad que haya salido del país —contaba María— para escapar de la maledicencia, como se dijo entonces, pero sí me dio coraje tanta calumnia porque Quique había venido a pasar unas vacaciones conmigo y, al oír en el radio que su mamá había matado a Rebeca, a quien él conocía tanto, se asustó. Yo no sabía que mi secretaria era lesbiana ni mucho menos adicta a las drogas, pero al ver a toda esa jauría haciendo leña del árbol caído la defendí en los periódicos. Declaré a *Excélsior* que lamentaba profundamente su muerte y que para mí no sólo había sido una secretaria de primera, sino una amiga con gran calidad humana".

Paradójicamente, mientras más la atacaba la chusma de los periódicos, más aumentaba su celebridad. Por esas fechas conoció María a Salvador Novo, al músico Carlos Chávez, y Diego Rivera pintó su retrato al óleo. Le llovían invitaciones para asistir a reuniones de sociales, invitaciones que declinaba por el fastidio de estar siempre en el centro de las miradas.

Empezó a pensar en Europa como un refugio donde podía vivir sin presión, y volvió a España con el deseo de no regresar a México en mucho tiempo.

De camino a Madrid hizo una escala en La Habana, donde llegó invitada por el presidente Prío Socarrás. El pueblo cubano le dio una bienvenida tumultuosa. Casi la desnudan al bajar del avión en el aeropuerto de Rancho Boyeros: unos querían besarle la mano, otros le arrancaban jirones de vestido. Quedó María tan asustada que esa noche no pude salir a agradecer la ovación del público en la ópera de Bellas Artes. Se quedó escondida en el palco, entre Cesáreo González y Diego Rivera, que viajaron desde México a encontrarse con ella y tuvieron que repartir empujones para espantarle a la gente.

Al día siguiente hubo una fiesta popular en la que el presidente le entregó las llaves de la ciudad y le dio la medalla de ciudadana de honor. En las afueras del Teatro García Lorca levantaron un templete con escaleras para que saludara desde arriba al pueblo: la marea humana se extendía hasta el malecón. Volvió al hotel escoltada por un pelotón de motociclistas. En la noche le iban a dar una cena de honor en Palacio Nacional. En el tocador de su cuarto encontró un cerro de cartas de sus admiradores cubanos. Mientras se peinaba para la cena tomó una carta al azar por distraerse y cayó al suelo una medalla de la Virgen de la Caridad del Cobre. Por el interés de la medalla leyó la carta. La primera línea decía: "Confío en que la Virgen me hará el milagro de que usted lea esta carta..."

No era de un fan, era de un preso condenado a muerte por haber matado al violador de su hermana. Estaba recluido en la isla de Pinos y le pedía interceder con Prío Socarrás para salvarle la vida. Esa noche, en la recepción de palacio, el presidente le dijo a María:

—Le hemos dado todos los premios que se otorgan a los huéspedes distinguidos, pero yo quiero hacerle un regalo personal. Dígame qué desea: ¿una casa, un coche, una joya?

—Nada de eso, señor presidente, quiero que me regale un hombre.

—¿Un hombre?

—Sí, un condenado a muerte.

Y le pidió María el indulto para el preso de la medalla.

Entonces Prío llamó a un coronel de su guardia, le dio la carta que traía María, y delante de ella le ordenó que se anulara la sentencia de muerte.

De vuelta en España hizo *La noche del sábado* y enseguida viajo a Tetuán para filmar *La corona negra*, una película que ahora es objeto de culto en Francia y en Inglaterra. El argumento era de Jean Cocteau, la dirigió el argentino Luis Savlasky, producía Cesáreo y alternaban con ella Vittorio Gassmann y Rossano Brazzi, o sea que se juntó una especie de Legión Extranjera. En el zoco de Tetuán vivió María una aventura tan extravagante como la película. Un día no pudieron filmar porque el cielo estaba nublado y como tenían la tarde libre se fue María a recorrer el mercado con Cecilio Madanes, el asistente del director. Iba descalza y con el pelo en batalla, como salía en la película, y resultaba muy provocativa entre las moras de rostro cubierto. En el zoco se pararon a ver una formidable puerta labrada. "La talla en madera siempre me ha gustado —contaba María— y pensé que detrás de una puerta como ésa debía de haber un palacio escondido. De pronto, como una cosa de magia, se abre la puerta para dejar pasar a un criado que llevaba no sé qué a la casa y sale un moro con todas sus chivas y sus tiliches de mercader.

"Me vio fijamente a los ojos y nos invitó a pasar. Crucé una mirada con Cecilio: '¿Entramos?' 'Pues bueno, vamos a ver qué hay adentro'. Pasamos a un patio donde unas bailarinas ejecutaban la danza del vientre. Era una fiesta con varios salones: en el de los hombres había como treinta moros sentados en sus cojines, fumando hashish alrededor de una fuente. El tipo que nos abrió me regaló dos chales magníficos de seda, uno rojo y otro blanco (el blanco lo llevé en muchas películas y el rojo se lo regalé a Francoise Arnoul, mi compañera de *French-Cancan*, antes de que se peleara conmigo). Estaba encantada con el obsequio y no sabía cómo dar las gracias. Entonces el tipo me dijo:

"—Venga, la invito al departamento de mujeres, pero su amigo se queda aquí.

"Eso de irme sin Cecilio al cuarto de las damas ya no me gustó tanto. Le hice una señal de alarma enarcando las cejas y nos salimos volados. Me quedé con la curiosidad de saber qué se hacía en el departamento de mujeres. Posiblemente no me hubiera pasado nada, pero qué sabía yo: a lo mejor el moro creía que los chales eran el pago por acostarse conmigo".

Al terminar *La corona negra* María rechazó ofertas para trabajar en todas partes del mundo, incluso en Hollywood, porque tenía un compromiso con Cesáreo y él quería que filmara en Italia, así que se lanzó a la aventura de trabajar en un idioma desconocido. Le animaba la ambición de subir escalones difíciles. En Italia ya era conocida por sus películas y la gente del medio la trató desde el principio con mucho cariño. Llegó al mejor hotel de Roma, el Hassler, y después tuvo la suerte de vivir en la casa que había sido sede de la embajada mexicana. Se la dejaron con todo y la servidumbre, por lo que llevó un tren de vida muy costoso, pero todos sus gastos corrían por cuenta del productor.

Estuvo una temporada en Siena, donde se hizo amiga del príncipe Clemente Aldo Brandini, que tenía familiares en la aristocracia negra del Vaticano (nombre que se le da en Italia a las familias que tuvieron ancestros Papas). Por darle un gusto a su madre le pidió a Clemente que la llevara con el Papa Pío XII a recibir su bendición. Clemente no podía negarle nada y la llevó a la residencia papal de Castelgandolfo. No sólo recibió la bendición de Pío XII, sino que habló con él en español, idioma que dominaba como si fuera su lengua materna.

Entre los ayudantes de María había una mujer muy pintoresca, encargada de ponerle las pestañas postizas, a la que su hijo y María bautizaron con el nombre de un pequeño carro italiano, Topolino, porque un día se les perdió en Roma y después de mucho buscarla fueron a encontrarla detrás de un cochecito de esa marca, que no medía de alto más de metro y medio. La conoció en México y se la llevó a todos sus viajes durante diez años, pagándole un sueldazo de cinco mil pesos mensuales, porque en esa época las pestañas postizas eran una rareza. Topolino las hacía con pelo de cerdo nonato y se las pegaba una por una con una técnica que sólo ella conocía. Llegó a ser indispensable para María, porque sus admiradores ya estaban acostumbrados a verla con las pestañas largas y no podía salirles de pronto con el ojo pelón.

A pesar de que no era una belleza, Topolino tenía una suerte bárbara con los hombres. En España se pasó por las armas a todos los jugadores del Real Madrid. Puskas y Distéfano estaban locos por ella, quién sabe qué les haría. Como siempre estaba ligando, se distraía mucho y por su culpa estuvo María a punto de perder al "niño". "Resulta —cuenta María— que al salir de Tánger, cuando terminé *La corona negra*, Topolino lo dejó olvidado en el baño del aeropuerto. Me di cuenta cuando ya íbamos en el avión, sobrevolando el estrecho de Gibraltar, y tuve que suplicarle al piloto que regresara. Llamó por radio a las autoridades del aeropuerto, que cerraron el baño con llave, y afortunadamente cuando volvimos a tierra mi criatura estaba ahí, sana y salva".

Topolino quería vestirse como María, ser como ella y hablar idiomas como ella, pero la cabeza no le daba para tanto. "Me divertían sus esfuerzos —cuenta María— por cultivarse. Una vez nos preguntó a Enrique y a mí por qué el mar Caspio se llamaba así. Le respondimos muy serios que en el año 1204 antes de Cristo, Dios había castigado a los hombres por sus pecados enviando a la tierra bolas de fuego que cayeron al mar. Los peces se habían chamuscado y salieron a la superficie las cenizas de sus escamas. Aquello parecía un mar de caspa y de ahí se le quedó el nombre. Topolino escuchaba todo muy atenta y luego escribía nuestros disparates en su diario de viajes, que Enrique sacaba a escondidas de su recámara. Nos moríamos de risa leyéndolo. Cuando visitamos la torre de Pisa, Topolino escuchó al guía que explicaba que estaba construida con mármol de Carrara. Esa noche escribió en su diario: 'La torre está inclinada porque la construyeron a la carrera'".

La primera película que filmó en Italia fue *Hechizo trágico*. Tuvo que aprenderse los diálogos fonéticamente mientras el ayudante del director se los traducía al español. Enseguida, ya con más dominio del italiano, la contrataron para hacer *Mesalina*, con el veterano director Carmine Gallone, un viejito simpático, dicharachero y un poco cínico. En ese momento la censura cinematográfica era muy estricta, sobre todo la de Franco, y como Cesáreo quería llevar la película a España no pudo ser tan audaz como el tema lo requería. Todos tenían la precaución de no llegar demasiado lejos, de que María no enseñara mucho, como si Mesalina hubiera sido una colegiala virgen. Pero ni modo, así es el cine. En su tiempo, *Mesalina* fue la película más cara del cine italiano. Se reconstruyó la Roma de los Césares en los estudios de Cineccittà, gastaron millones de liras en el vestuario y había escenas en que aparecía rodeada por cientos de extras.

Durante la filmación recibió María un telegrama que le paró la vida: su padre acababa de morir en Navojoa, víctima de un infarto. No pudo estar en su entierro porque la filmación hubiera tenido que suspenderse. Fue un golpe directo al corazón porque a pesar de todo María lo quería y no le guardaba rencor por el asunto del pergamino. Tuvo que sobreponerse a la tristeza para trabajar en esas condiciones cuando hubiera querido encerrarse a llorar. Después se enteró María de que sus hermanos, con el pretexto de no dejar a Chefa viviendo sola, vendieron de inmediato la casa de Navojoa, cosa que le pareció muy fea. Hubiera preferido que ella se quedara en sus dominios y no dependiera de nadie, pero estando tan lejos no pudo María intervenir en nada. El *show* tenía que seguir...

Camelia.

Por Argentina

Por cumplir sus compromisos en Europa, María había postergado largamente un proyecto para filmar una película en Argentina, donde se dio a conocer desde Doña Bárbara. En 1952 al fin tuvo un respiro y firmó contrato con los *ches* para hacer *La pasión desnuda*.

Salió de Génova en el trasatlántico Giulio Césare, uno de los más lujosos de la época. A bordo llevaba su Cadillac y su perro afgano. Durante la travesía, que duró dos semanas, el cocinero del barco la agasajaba todos los días con un platillo especial. Se llamaba Felice y estaba enamorado de ella. Por su culpa —dice María— llegó a Buenos Aires con unos kilitos de más. El barco hizo una escala en Río de Janeiro, recién empezado el carnaval. Ella iba directamente a Buenos Aires, pero un amigo italiano que encontró a bordo —Francesco Aldo Brandini, el hijo de Clemente— la animó a bajar en Río. En aquel momento Río le pareció una ciudad muy fuerte, una ciudad en ebullición. Embriagada con la música, con el baile, con la atmósfera de sensualidad que se respiraba por todas partes y con la compañía de Francesco, se perdió varios días en el torbellino del carnaval, olvidándose de sus maletas, de su perro, de la maquillista y hasta del productor argentino que la había acompañado en el barco y siguió camino a Buenos Aires. Fueron días maravillosos, eufóricos, en que se consagró por entero a la diversión. Después tomó un avión a Buenos Aires, dispuesta a ponerse seria y a trabajar.

"Entonces —cuenta María— me ocurrió una aventura que parece una pesadilla inventada o un cuento de horror: estuve a punto de irme al cielo sin haber muerto.

"En el viaje a Buenos Aires me tocó ir sentada junto a la puerta del avión, del lado de la ventanilla. Después de no dormir en no sé cuántos días estaba yo que no podía ni con mi alma y sentí un alivio extraordinario al bajarla cortina y recogerme en mí misma para descansar un poco antes de llegar a la ciudad que me esperaba con los brazos abiertos. Apenas había cerrado los ojos cuando me despertó un golpe brutal en la espalda, tan fuerte que por unos instantes me privó del conocimiento. No supe qué había pasado, pero al volver en mí sentí un fuerte dolor en la espalda. Creí que el avión se había estrellado contra una montaña, pero entonces vi que se había abierto la puerta. Junto a mí, del lado del pasillo, iba un señor que no traía puesto el cinturón de seguridad. De pronto el aire lo succionó, lo chupó, se lo llevó como si el tipo tuviera cita con el firmamento. La puerta se cerró y me quedé hecha polvo, muda de espanto.

"Como íbamos en el asiento de hasta adelante muy pocos pasajeros notaron lo que pasó y la tripulación trató de minimizar el percance para que no cundiera el pánico. Al recuperar el habla pregunté a la azafata qué había pasado y no me pudo dar una explicación: ella también estaba muerta de miedo y sólo atinó a darme un café con azúcar para que me volvieran los colores. Nunca supe por qué se abrió la puerta ni quién tuvo la culpa del accidente, pero desde entonces me persigno cada vez que subo a un avión".

Otra experiencia horrible en un vuelo la tuvo María en un viaje posterior de Panamá a Buenos Aires. El avión volaba en medio de una tormenta, el cielo estaba negro, subían y bajában entre sacudidas y turbulencias. Llegó un momento en que no pudo más de los nervios y preguntó a la azafata: "¿Qué hacemos?" Nunca olvidara su respuesta: "Rezar, señora".

"No he hecho otra cosa en mi vida que viajar en aviones —narra María— y sin embargo cada vez que voy a tomar uno parece que acabo de salir de San Juan de las Conchas. Para mí volar siempre es una impresión y he tenido que ser muy fuerte para dominar el miedo. Gracias a Dios, la aeronáutica ha progresado una barbaridad y ahora es imposible que se abra una puerta en pleno vuelo como en aquel bimotor que me llevó a Buenos Aires. El Concorde, por ejemplo, es una maravilla de comodidad. No se siente nada, ni en las tormentas. Desgraciadamente ya no viene a México, pero yo lo tomo a cada rato de Nueva York a París o de París a Nueva York y voy en el asiento acurrucada como pajarito frito. Ahora lo que me impresiona es la velocidad de los trenes. Cuando fui a Japón me dejó hecha polvo el tren bala que va del aeropuerto a Tokio. Es fabuloso que ahora podamos volar en tierra, pero a la próxima me voy a Tokio en un taxi".

En Buenos Aires la recibieron como en Madrid: con una manifestación de júbilo popular. La única nota de impertinencia la puso un periodista que le preguntó si era lesbiana. "Lo sería —le dijo María— si todos los hombres del mundo fueran como usted". Cuando llegó al hotel Plaza encontró en su recámara un enorme ramo de orquídeas que le había enviado Evita Perón. "Ella era mi admiradora número uno en Argentina —cuenta María—, quizá porque veía en mí la imagen de lo que pudo haber sido si hubiera continuado su carrera de actriz. La llamé por teléfono para agradecerle las flores y el recibimiento inmenso que me dieron. Ella estaba en una junta del gabinete, pero la interrumpió para tomar la llamada y a partir de entonces nos hicimos amigas.

"Eva tenía un hermano, Juan Duarte, al que la prensa acusaba de juerguista y corrupto. Era una especie de playboy mujeriego y bohemio al que yo vi un par de veces en la clínica donde internaron a Eva. Una vez nos vieron salir juntos, nos tomaron una foto y de inmediato corrió el rumor de que habíamos empezado un idilio. Pero con Juan no hubo nada. Con quien sí tuve un romance muy serio fue con el actor Carlos Thompson, mi compañero en *La pasión desnuda*.

"Era un muchacho muy guapo, educado, inteligente y con ambiciones intelectuales. Quería ser escritor y dirigir sus propias películas. Bailaba con mucho estilo el tango *Compadrito*, que es una especie de coito con ropa. Él me presentó a los grandes tanguistas de entonces: Tanya, Malerba, Hugo del Carril (a Discépolo ya lo conocía porque cenó una noche en mi casa cuando estaba casada con Agustín). Hice buenas migas con la familia de Carlos, una familia aristocrática de mucho dinero, y poco a poco me fui encariñando con él. En un momento dado me propuso matrimonio y acepté sin reflexionarlo mucho. Carlos me atraía, me paseaba, me trataba como reina, me enseñó a bailar tango, en fin, me envolvió con su encanto en una red que llegué a confundir con el amor. Yo he sido una enamorada de la vida y para mí pasarla bien es un enamoramiento. Pero el matrimonio con él no me convenía.

"Lo descubrí cuando ya estaba todo listo para la boda. Íbamos a casarnos en Montevideo porque los trámites en Uruguay eran menos complicados que en Buenos Aires. Mandé traer a mi hijo desde Toronto sin decirle nada, porque deseaba darle una sorpresa llevándolo como testigo de la ceremonia. La boda se anunció con grandes titulares en todos los diarios de Argentina, la noticia llegó adulterada a México, y algunos periodistas escribieron detalladas reseñas de la boda cuando faltaban semanas para celebrarla.

"De todas las provincias de Argentina me enviaron felicitaciones y regalos: llegué a contar noventa mantas de vicuña; las rastras y los guanacos llenaban una habitación en casa de los papás de Carlos.

"La boda estaba programada para un domingo y el jueves anterior decidí suspenderla. A pesar de ser un magnífico amante, Carlos era serio, conservador, aburrido, y yo estaba en la época más animada de mi vida. De pronto me desilusioné, tuve la corazonada de que ese matrimonio sería un error. Ya estaba en Montevideo, los invitados iban a llegar de un momento a otro y sin embargo me arrepentí en la raya. Simplemente apreté mis marfiles y dije: no, esto no tiene futuro. Pensé que no me convenía dar ese paso y le dije a mi prometido:

"—Oye, che, lo he pensado mejor y creo que vamos a ser infelices con este matrimonio. Déjame pensarlo mejor, necesito viajar a México.

"—¿Pero qué excusa le vamos a dar a los periodistas? —me respondió, temblando de furia.

"—No sé, diles que te rompiste un brazo.

"Carlos subió las escaleras de su casa, fue por un martillo y se oyó un grito desgarrador. Al poco tiempo bajó con el brazo en un cabestrillo.

"—Me lo rompí de verdad, para que no me tachen de mentiroso.

"Realmente la prensa no le importaba, fue su manera de reprocharme que lo tratara como un pelele.

"Supongo que mi partida fue un golpe demoledor para Carlos, pero tengo un egoísmo tan arraigado que ni siquiera me detuve a pensar en su frustración. Conmigo las cosas pasan de un modo muy extravagante; yo nunca he sido como el personaje de Enamorada, que lo dejaba todo para irse con su amo y señor. De repente Carlos se me presentó como un obstáculo, pensé que si me casaba con él no podría gobernar mi vida, y eso para mí siempre ha sido más importante que la marcha nupcial".

María de rubia.

Jorge Negrete

Thompson siguió haciendo su lucha: hablaba por teléfono a México tres veces por semana y le escribía tiernas cartas de amor en las que le pedía recapacitar. María le daba esperanzas por miedo a que hiciera otras locuras como la del brazo, pero ya no quería saber más de él.

En México lo olvidó rápidamente porque desde su llegada le sorprendió con sus atenciones un hombre al que creía su enemigo: Jorge Negrete. Ya hemos narrado su guerra en *El peñón de las ánimas*, cuando la quiso aplastar con su prepotencia y salió trasquilado. Pero su antipatía hacia él venía de tiempo atrás, de cuando María era una chamaca en Guadalajara.

"Conocí a Negrete por casualidad cuando estaba recién casada —cuenta María—. Un día vino a verme una prima hermana y me dijo: 'Fíjate que están haciendo una película en el parque Revolución. ¿No quieres ir a ver?' La seguí por curiosidad y nos paramos a ver la filmación en primera fila. Jorge estaba haciendo una película, *Caminos de ayer*, con la actriz Carmen Hermosillo (recuerdo el título porque lo leí en la pizarra). Tenía que besar a la muchacha en una banca del jardín y cantarle una canción al oído. Cuando terminó la escena se me quedó viendo y vino hacia mí:

"—Oiga, ¿a usted no le gustaría hacer películas?

"—No me dirija la palabra, que soy casada.

"—No le hace, no soy celoso.

"—Yo no quiero trabajar en el cine y menos si hay tipos tan majaderos como usted".

Ahí quedó la cosa y no lo volvió a ver hasta su debut en el cine, donde terminó odiándolo. Pero cuando volvió María de Argentina le dio una grata sorpresa. Al pie del avión, donde había diez mil personas para recibirla después de cuatro años de ausencia, llegó a darle un ramo de rosas el actor Crox Alvarado, que entonces era colaborador de Negrete en la ANDA.

—Vengo de parte de Jorge —le dijo—, que no pudo venir a recibirte porque está trabajando en exteriores.

—Es natural que no haya venido —le contestó María—. ¿Por qué tenía que venir? Me parece extrañísimo de su parte.

—Yo sólo vine a darte un recado. Dice Jorge que está muy feliz de que no te hayas casado con el argentino.

Después llegó muy guapo a un cóctel de bienvenida que le dieron a María en el hotel Regis y a partir de ahí se le comenzó a meter la mosca detrás de la oreja. Fue como si se volviéran a conocer. Entusiasmado, Jorge empezó a llevarle serenatas, regalos, bombones, todo eso que halaga y seduce.

"Me divertía mucho tener cerca de mí —recuerda María—, rendido de amor, al enemigo que me había fastidiado tanto diez años atrás, y como tengo alma de mariachi (algún ancestro mío seguro tocó la tambora o el tololoche), disfrutaba mi venganza pidiéndole canciones hasta en la tina. Mientras yo me bañaba él cantaba *Ella* y a cada lugar donde íbamos él llamaba un mariachi para complacerme con la pieza que yo quisiera. Me confesó que se había enamorado de mí desde *El peñón de las ánimas*, pero como yo era tan engreída se portó mula a propósito.

"Jorge era un hombre ingenuo, tierno y de gustos sencillos. No le gustaba discutir, con él todo iba bien mientras la conversación se mantuviera en un tono suave. Jugaba todo el tiempo como niño crecido, pero en la intimidad era un adulto perfecto, aunque no tan sexy como Agustín. Jorge no seducía con la voz; para él era indispensable guardar silencio. Con él aprendí que no se debe contar nada en la alcoba porque en ese momento de inspiración y confianza las palabras están de sobra y cualquier indiscreción puede ser usada más tarde contra el amante que se fue de la lengua".

Mientras duró su noviazgo vivió María en el hotel Regis, porque había vendido la casa de Aristóteles y todavía no estaba arreglada su nueva residencia de Tlalpan, que estrenó precisamente el día de la boda con Jorge. Aquella casa, que se conoció como la finca de Catipoato, fue un lujo que le costó a María varios años de trabajo y esfuerzo. Le había echado el ojo desde 1948, y cuando se separó de Agustín hizo una gira por Centro y Sudamérica, en condiciones muy pesadas, hasta reunir lo suficiente para comprarla. Tenía catorce mil quinientos metros de jardín, con seiscientos árboles frutales. Llegó a reunir ochenta serpientes de cascabel que Diego Rivera le mandaba de Oaxaca y catorce perros bastardos que recogió en la calle. La casa había sido un convento. Se la compró a un inglés de muy buen gusto y la fue decorando poco a poco al estilo colonial, con muebles mexicanos del siglo XVII y bancas de convento que le vendió clandestinamente un cura corrupto de Puebla.

La noticia de su boda con Jorge rápidamente llegó a Argentina y Carlos Thompson le pidió por telegrama una explicación. Poco antes de salir a la ceremonia le habló desde el hotel Regis y procurando ser lo menos hiriente posible le dijo que la noticia era cierta. Guardó un profundo silencio y con la voz quebrada le deseó suerte. Más tarde hizo carrera en Hollywood y se casó con la actriz alemana Lily Palmer.

Todas las bodas de María han sido en privado, con poca gente, pero en la boda con Jorge tiraron la casa por la ventana. Hubo más de cuatrocientos invitados, ochenta fotógrafos y sesenta periodistas, incluyendo a los que transmitieron la boda por radio a toda Latinoamérica. Mucha gente se quedó afuera y algunos aventurados treparon a la barda del jardín para ver la fiesta con binoculares. Del hotel Regis salió escoltada por una muchedumbre que la siguió en autos y camionetas hasta la casa de Tlalpan, adonde llegó con su mamá y Quique. Jorge entró del brazo de su madre y de su hija Diana. Llevaba un traje de charro de gamuza marrón, con botonaduras de plata, y un sarape al hombro. María traía un vestido de Valdés Peza muy parecido al que uso en *Enamorada*, con sandalias y trenzas, y en el brazo derecho un rosario de perlas. Además se colgó unos pendientes de filigrana de oro y un medallón antiguo.

No sólo su vestimenta fue mexicana; también la comida. Hubo enchiladas, mote, quesadillas, tacos de huitlacoche y hasta curados de pulque para los gaznates aventureros. En la terraza instalaron una mesa de cien cubiertos para los familiares y los amigos cercanos, entre ellos Diego Rivera, Frida Kahlo, Salvador Novo, Pepe Alvarado, Gregorio Wallerstein, Renato Ledue y muchos políticos importantes. Ahí partieron el gigantesco pastel decorado con perlas y Jorge le dio su regalo de bodas: un espléndido collar de esmeraldas que más adelante provocaría un escándalo.

Al terminar la comida los invitados obligaron a Jorge a cantar. Primero interpretó unas piezas de amor dedicadas a María, pero al final, como si adivinara el futuro, se lanzó con aquello de "México lindo y querido, si muero lejos de ti..." Fue un presagio de su muerte. Probablemente sabía que le quedaba poco tiempo de vida y quiso pasarse con María un año de lujo, pero su enfermedad y el trabajo de los dos acortó más aún las horas de felicidad que pasaron juntos.

Hicieron en pareja dos películas más: *Reportaje* y *El rapto*. En *Reportaje* salían en una actuación especial haciendo bromas sobre los dolores de hígado que ya empezaban a doblar a Jorge (más tarde su hepatitis degeneró en cirrosis, pero fue una cirrosis viral: Jorge no bebía una copa). "Conmigo no tuvo tiempo de ser fabuloso, ni malvado ni espléndido —cuenta María—. Se fue cuando lo empezaba a conocer. Algo tuvo que ver con su enfermedad la situación de la ANDA, fuente de preocupaciones que no le permitía descansar. Era un hombre bueno, muy humano y solidario con su gremio, aunque tal vez le faltaban luces. La inteligencia no era su fuerte, se dejaba guiar por las emociones más que por el cerebro.

"Cuando recibí la oferta para filmar en Francia *La bella Otero* ya se veía muy mal. Yo quería quedarme a cuidarlo pero él se empeñó en que no perdiera esa oportunidad. En plena filmación me avisaron que había tenido una recaída mientras cantaba en el Million Dollar de Los Ángeles. El médico personal de Jorge —el doctor Kaim— me habló desde el hospital Cedros del Líbano para darme la noticia de que se estaba muriendo. Lo que siguió fue muy rápido: tomar el avión de París a Nueva York, de Nueva York una conexión a La Guardia, de ahí otro avión a Los Ángeles y del aeropuerto al hospital a ver a Jorge. Estaba muy amolado. Lo encontré en estado de coma el 5 de diciembre de 1953.

"—Negro —le dije—, aquí estoy y estaré siempre contigo.

"Abrió sus pobres ojos amarillentos y se me quedó mirando con una expresión de gratitud. No me dijo nada. Ya no podía hablar.

"Murió al día siguiente, en domingo. Su madre, sus hermanos y yo lo vimos dar el último suspiro. Por órdenes del presidente Ruiz Cortines trasladaron el cuerpo a México en un avión de la American Air Lines. Para el viaje me puse lo primero que encontré en la maleta —unos pantalones de color azul marino—, y al verme bajar así del avión se armó un escándalo porque, según algunos periodistas, mis pantalones eran una falta de respeto al difunto. Al entierro de Jorge en el panteón jardín fueron doscientas mil personas. Ese día no abrieron los cines ni los teatros en señal de duelo. En el cortejo fúnebre iban los actores más importantes de México, encabezados por Pedro Infante, que nos abría paso en su moto".

Una semana después del entierro volvió María a París para continuar el rodaje de *La bella Otero*. En su ausencia el hermano de Jorge, David Negrete, habló con los abogados de María para reclamar el collar de esmeraldas, alegando que Jorge no lo había terminado de pagar y era injusto que sus herederos cargaran con esa deuda. Unos reporteros le hablaron del asunto en París y María dijo simplemente: "Lo dado, dado". Su declaración irritó a las almas caritativas de la prensa que se habían esmerado siempre en atacarla y se inició una campaña de presión contra los jueces que iban a decidir el litigio por el collar.

No quiso devolver el collar María porque lo consideraba suyo y le pareció un atropello de la familia Negrete querer arrebatarle un regalo de bodas. ¿Qué culpa tenía ella de que Jorge no lo hubiera pagado?

A principios de 1954 el asunto se puso feo. Había estado María en México unas semanas y se tenía que regresar a París. Fue al aeropuerto acompañada de Diego Rivera y de pronto la paran dos policías con una orden judicial que le impedía salir del país. Debía permanecer en México hasta que se arreglara el pleito por el collar. Ni por ésas lo entregó. Volvió con él a su casa, lo llevó puesto en muchas reuniones y más tarde, ya casada con Alex Berger, lo pagó de su propio dinero.

Se hizo tanta alharaca por el dichoso collar que un vivales quiso llevar a la pantalla el chisme. Cuando regresó María de una gira por Sudamérica su hijo le advirtió: "Oye, mami, cuidado, están preparando una película que se llama *El collar de esmeraldas*". El productor iba a ser Guillermo Calderón y la actriz Ana Luisa Peluffo. Ya tenían el guión, la escenografía y el vestuario. Sólo faltaban los últimos toques para que dieran el pizarrazo.

María dijo, bueno, ¿y por qué se van a meter con su vida? "Que se esperen a que desaparezca de este mundo para hacer lo que quieran, pero por lo pronto aquí vivita no me voy a dejar". Acudió a la Asociación Nacional de Actores, que en ese momento dirigía Rodolfo Echeverría, y le dijo: "Yo me opongo a que se haga esta película". Entonces la ANDA organizó una junta de avenencia a la que asistieron los señores Calderón y la directiva de actores. El productor estaba negro de coraje.

"—Pero usted ¿por qué se opone? —le reclamó—. Yo he tomado los datos de la historia de su vida pública. Son cosas que sabe toda la gente. Saqué toda la información de los periódicos y no le he preguntado a usted nada.

"—Pues mire —le dijo María—, si usted pone en su película datos de mi vida pública, yo también tengo el derecho de hablar sobre la vida pública de su mujer, cuando fichaba en el bar Chicote de Madrid enfrente de todo el mundo".

La película se vino abajo, porque al productor no le interesaba la buena reputación de María, pero sí la de su querida esposa.

María y Jorge.

En París

María ya era conocida en París cuando visitó la ciudad por primera vez. Llegó como un cohete, precedida por la fama de *Enamorada*, que había recibido los mayores elogios de la crítica.

Trabajando en España supo del éxito que tenía la película en Francia y su primer viaje fue para darse a conocer en persona, todavía sin proyectos de trabajo. El cine mexicano tenía entonces un magnífico representante en Europa, que había distribuido *Enamorada* con una gran promoción. Se llamaba William Karol. Era austriaco pero hablaba el español sin acento.

Cuando María llegó a París en tren, procedente de Madrid, había una multitud esperándola en la estación. Ella creía que recibimientos de ese tipo eran habituales en Francia. Después se dio cuenta de que había sido algo insólito. Karol estuvo calentando al público meses antes de su llegada y logró crear un ambiente de expectación. El día de su recibimiento salió un titular a ocho columnas en France Soir con la frase: "Enamorada está en París".

Hasta entonces María no había tenido agente ni en México ni en España, pero comprendió que en Francia necesitaba uno, porque allá era más complicado manejar los contactos de prensa y las relaciones. Entonces contrató al español Paulette Dorisse de la agencia Cimurá para que la representara, pues ya empezaba a recibir ofertas de productores franceses quede momento no podía aceptar por sus compromisos con Cesáreo González.

Su primera escala en París fue corta. Sólo estuvo un par de semanas en plan de turista, luego viajó a Londres y de ahí zarpó a Nueva York en el Queen Elizabeth. Esto fue por el año 49 o 50. Después vivió en Italia tres años, tuvo su intermezzo romántico en Buenos Aires y ya casada con Jorge Negrete regresó a París, ahora sí en plan de trabajo. Tuvo que hacer un gran esfuerzo para actuar en francés. "En *La bella Otero*, aunque suene feo decirlo —cuenta María—, puse mis agallas sobre la mesa. ¡Hasta aprendí a tocar castañuelas! Verdaderamente, en esa película me la jugué, pues no entraba para nada dentro de mi línea. Estudiaba francés ocho horas diarias, poniéndome un lápiz bajo la lengua para pronunciar más o menos bien. También tuve que bailar y cantar como Dios me dio a entender. Fueron pesadísimas las horas de ensayo, de baile, de castañuelas, de francés, y el esfuerzo casi desesperado que tuve que hacer. Pero lo logré con mi famoso 'puedo' a la mexicana".

La bella Otero aún vivía cuando María hizo la película. Estando en el festival de Cannes tuvo la suerte de que la invitaran a conocerla. Vivía muy pobremente en Niza después de haber dilapidado sus ahorros en el casino de la ciudad, que le pasaba una pensión por misericordia. El gran sol de lujuria se había convertido en una anciana triste y achacosa.

—Tú eres más bonita de lo que yo era —le dijo a María—, pero a tu edad ya se habían matado por mí dos banqueros y un conde.

Los círculos sociales de París eran muy cerrados y exclusivos en comparación con los de Italia. En Francia los extranjeros pasan años haciendo méritos para entrar en las élites del dinero o de la inteligencia. María tuvo la suerte de ser aceptada inmediatamente por la aristocracia del talento. Su primer contacto fue Jean Cocteau, a quien había conocido en España cuando escribió el argumento de *La corona negra*. En Francia estrecharon su amistad.

Lo primero que hizo María al llegar a París fue juntar sus brillantes en un pañuelo y presentarse en Cartier. Pidió hablar con el gerente y le puso el paquete en el mostrador:

—Cámbieme todo esto —le dijo María— por una joya distinta, diferente, que nadie tenga.

El hombre se quedó asombrado por lo que traía en el pañuelo —una fortuna en alhajas— y mandó que le diseñaran una joya excepcional: una serpiente de brillantes, con ojos de esmeralda, que podía enrollarse en la muñeca o servir de collar. También como adorno sobre una mesa.

De vuelta en París le presentaron a Christian Dior en una fiesta de mundanidades. Primero lo relacionó María como cliente, después como amiga. La primera vez que le pidió un modelo exclusivo Christian le dijo:

—Te lo puedo hacer a la medida que tienes ahora, pero si bajaras diez kilos te quedaría divino.

Hubo un momento en París, después de haber hecho *La bella Otero*, en que María tuvo algunos problemas emocionales. Deprimida por la muerte de Jorge trató de salir a flote con algo que le levantara el ánimo. "Necesito un retrato —pensó María— . Un retrato donde me vea como soy: joven y guapa. Hablé del asunto con Jean Cocteau y me mandó a la Rue Payene en el viejo París, donde tenía su estudio la pintora Leonor Fini. Era una mujer extravagante, audaz y con mucho estilo, y tenía un salón que era frecuentado por intelectuales, pintores y músicos. Ella me presentó a Jean Genet, cuando acababa de terminar el *Diario de un ladrón*. Genet nos leyó la novela en su departamento y a mí me pareció correcto robarle una copia del manuscrito en señal de que había comprendido sus enseñanzas".

"En casa de Leonor —cuenta María— conocí a Max Errist y a Balthus, el extraordinario pintor de niñas. Pero el más loco de sus amigos era sin duda Salvador Dalí. Ya tenía los bigotes retorcidos, pero en aquel tiempo se hacía el loco. Más tarde se volvió loco de verdad. En una cena discutí con él sobre los dos Cristos que había pintado y entonces él me dibujó un boceto del que más me gustaba. Como pintor, Dalí me parece genial. Como persona era horrible. No conozco a ninguna estrella de cine que se haya hecho tanta publicidad como él.

"Cuando Leonor estaba pintando mi retrato, una vez me dijo:

"—Estás un poco apagada, María. Yo creo que te hace falta luz. Te hace falta un hombre. ¿Te regalo un hombre?

"—Bueno —le dije—, pero antes déjame ver cómo está el hombre.

"Yo en realidad estaba jugando, porque la muerte del charro cantor me había dejado un poco indiferente al amor, pero cuando vi entrar a mi regalo se me olvidó la viudez. Era un joven de perfil aquilino que se llamaba Jean Cau. Trabajaba con Jean-Paul Sartre en la revista *Les Temps Modernes*, como secretario de redacción. Es el escritor que he conocido más de cerca, porque más cerca que en la cama, imposible. La cama es un mueble divino donde la gente no puede ocultar cómo es. Jean Cau me encantó física e intelectualmente.

"Jean Cau me enseñó muchas cosas. Lo que no me gustaba de él era su crueldad. A veces decía cosas muy hirientes, pero yo lo disculpaba porque talento tenía mucho. Íbamos a conciertos, a museos, a bailar y a muchas reuniones de intelectuales. Vivíamos juntos y él quería casarse conmigo. Me lo propuso hasta el cansancio y mi respuesta siempre fue no. Mi lucha por independizarme había sido muy dura como para encadenarme a un joven que seguramente me hubiera querido imponer su ley. Tal vez me habría casado con él de haber sido más joven, pero lo conocí a una edad en que ya no me dejaba llevar por mi primer impulso".

Cuando María vivió con Jean tuvo algunos problemas con su hijo Enrique. Un día llegó al departamento en París, lo encontró con él y se llevó una tremenda impresión. Habló Maria con él en privado, le explicó lo que pensaba y le propuso que si la vida con ella no le gustaba en esas condiciones podía irse a vivir con su padre.

Por supuesto que no se fue. Con el tiempo aprendió a estimar a Jean y se hicieron muy amigos.

"Jean —recuerda María—, era el niño mimado de Jean-Paul Sartre, y por lo tanto no me salvé de conocerlo en persona. Admiro la inteligencia, pero la de Sartre no me convenía. Era un poco pesado con la gente que no le hacía caravanas, y naturalmente yo no se las hice. Cuando yo decía una frase feliz o tenía una respuesta ingeniosa, Su Majestad me regateaba el mérito:

"—¿Te crees muy inteligente por tener una mente rápida? Pues la inteligencia no tiene nada que ver con la rapidez, es un don aparte.

"—Bueno —me defendía yo—, pero se necesita inteligencia para contestar rápido, ¿no?

"—No te creas. La inteligencia no juega carreras. Hay gente muy inteligente que da una respuesta genial con tres horas o tres días de retraso. Para la inteligencia no hay límites".

Simone de Beauvoir y María simpatizaron en absoluto. Le pareció pesada, pretenciosa, llena de ínfulas. En un hombre esos defectos pasan; en una mujer son horribles. Procuraba tratarla con pinzas y desde lejos, pero no podía evitar que ella apareciera cuando María estaba presente en alguna reunión.

Durante el rodaje de *Los héroes están fatigados* conoció a Picasso. Estuvo a punto de rechazar esa película porque su galán era Yves Montand, y su esposa, Simone Signoret, quería que María se comprometiera en el contrato a no acostarse con su marido. "Yo le dije a mi agente Paulette Dorisse —narra María— que por ningún motivo aceptaría esa cláusula tan cretina. No hubiera podido verme al espejo si aceptaba esas condiciones de trabajo. La Signoret debió notar que se había puesto en ridículo y aflojó el cinturón de castidad que le había endilgado a su esposo. Fue lo mejor para todos, porque la película salió muy bien: fue una de las mejores que hice en Europa. Además de Montand había dos grandes actores en el reparto: uno era Jean Servais, con quien volví a trabajar en *Los ambiciosos*. A pesar de su alcoholismo era estupendo como actor y como persona. El otro era Curt Jurgens, que se hizo muy amigo mío en la filmación y más tarde vino a verme a México con su esposa. Le di un cóctel en mi casa, donde se podía comer el caviar con cuchara. Desacostumbrada a esos lujos, su esposa no lo probó, creyendo que eran lentejas.

"*Los héroes están fatigados* se filmó en Arlés, en la Camargue, y por las noches visitábamos a Picasso, que era amigo de los Montand (Simone ya no me tenía celos y con el tiempo nos hicimos amigas). Pesado y arrogante, Picasso acaparaba la conversación sin dejarnos hablar. No era la clase de genio con quien yo hubiera deseado entablar amistad.

"Una vez fuimos a cenar con él a un restaurante de la campiña y se le acercó un hombre del pueblo con un dibujo que había pintado su hijo.

"—¿Usted cree que sea tan bueno como un Picasso? —le preguntó.

Picasso lo vio un momento con interés.

"—No sé —respondió—, pero ahora mismo lo vamos a hacer un Picasso —y firmó el dibujo como si fuera suyo. El hombre se fue loco de alegría".

Los Héroes están Fatigados.

No a Hollywood

"Al terminar la película —cuenta María— hice un viaje a Toronto para ver a Quique y paré unos días en Nueva York. Recuerdo ese viaje porque me ocurrió un incidente curioso. Iba caminando por la Quinta Avenida muy quitada de la pena cuando de pronto se me acercó un señor que ignoraba quién era yo y me preguntó si quería posar para unas fotografías. Se llamaba Philippe Halsman y trabajaba para la revista *Esquire*, una de las más importantes de los Estados Unidos. Me hizo gracia que me tomara por una modelo y acepté ir a su estudio, en donde conocí a su mujer, que era francesa y nos sirvió de intérprete.

"Halsman era muy serio en su trabajo. Le llevó ocho días tomar las fotos, en jornadas extenuantes que terminaban a medianoche. Puso como fondo un capote de torero que contrastaba con mi pantalón rosa y mi blusa azul escotada. Sonreí, me paré y me senté de todas las formas imaginables, pero el esfuerzo valió la pena: fue uno de los mejores estudios fotográficos que me han hecho. La mejor foto se publicó a doble página en *Esquire* y fue como un llamado de atención para los productores de Hollywood, que de inmediato me tendieron sus redes.

"Ya lo habían hecho antes, casi desde que comencé mi carrera, pero siempre me ofrecían papeles de huehuenche y a mí no me daba la gana ir a Hollywood en ese plan. Me parecía que encerrarme en el tipo de belleza autóctona era un menosprecio no sólo para mí, sino para todo México. Mientras trabajaba en Francia me ofrecieron el estelar femenino de *Duelo al sol*, que sí me hubiera gustado hacer, pero no pude aceptarlo por tener otras películas en puerta. Más adelante el director Robert Aldrich me envió el guión de *Lylah Clare*. La historia me gustó bastante, pero por una razón u otra no pude arreglarme con el productor y terminó haciéndola Kim Novak. Otra buena oferta que tuve fue el papel de María Vargas en *La condesa descalza*. No lo pude aceptar porque ya había firmado contrato para *La bella Otero* y finalmente se lo dieron a Ava Gardner, a quien luego conocí en Madrid, cuando se ponía unas borracheras de espanto y vomitaba en las macetas de los hoteles.

"Nunca me arrepentiré de haberle dicho que no a Hollywood, porque mi carrera en Europa se había orientado hacia el cine de calidad. El gran éxito ya lo tenía: lo que me faltaba era acercarme al cine importante, hacer películas que dejaran huella. *French-Cancan* me dio esa oportunidad y no la desaproveché, aunque al principio no quería hacer la película porque sólo tenía una pequeña parte. Cedí por consejo de mis amigos intelectuales y la experiencia valió la pena. Jean Renoir, el director, era un maestro al que toda Francia admiraba y yo quería aprenderle algo. Al conocerlo pensé que era un elefante color de rosa. Su ternura y su delicadeza me cautivaron. Al poco tiempo de conocerlo ya lo adoraba. También a su esposa, una brasileña inteligente y guapísima que se llamaba Dido. Jean era hijo de Auguste Renoir, el célebre impresionista, y la película fue homenaje a él. Mi personaje, la belle Abbesse, era una bailarina del Moulin Rouge que volvía locos a los hombres ejecutando la danza del vientre. Renoir filmó toda la película con las tonalidades pictóricas de su padre, pero a mí que no era bailarina de cancán me retrató al estilo de Matisse. Cuando vi la película me enojé mucho porque cortaron una escena sensacional donde los hombres del cabaret se me echaban encima a quitarme la ropa. También cortaron pedazos de la danza del vientre, que resultó demasiado fuerte para la censura francesa".

"He sido víctima de la envidia profesional infinidad de veces —narra María—, pero la sangre nunca había llegado al río como sucedió con Francoise Amoul, mi compañera de *French-Cancan*. Creo que Francoise empezó a odiarme porque yo era la actriz consentida de todo el staff. Cuando hice *La bella Otero* regalé centenarios a todos los trabajadores de los estudios Joinville Le Pont y ellos me consiguieron un camerino con sala, comedor y tina, mientras que Francoise tenía un cuartucho donde no cabía ni su ropa. Yo hacía el papel de guapa en la película y ella era una lavandera. Desde ahí ya estaba en desventaja. Y como además era chaparra, parada junto a mí parecía un mosquito. Yo sacaba sombreros extraordinarios y trajes divinos diseñados por Marcel Escoffier y realizados por Irene Karinska, que había ganado varios óscares en Hollywood y le hacía todos los trajes de ballet a Serge Lifar, el gran bailarín ruso de aquel momento".

El ritmo de trabajo en Francia era mucho más rápido que en Italia, lo que obligó a María a hacer un esfuerzo doble. Salió adelante con disciplina y con pantalones. Para el idioma contó con el apoyo de Jean Cau, que le corregía con suavidad y le enseñaba palabras nuevas. A su manera, Topolino también hacía progresos en el francés. En una fiesta que dio en casa de María un invitado le preguntó cuántas veces había estado en Francia. Ella le respondió con mucho aplomo: "C'est la premiere fois que je pis la France" (es la primera vez que orino a Francia).

Terminó María con Jean por razones profesionales. En México tenía un sitio privilegiado que no podía abandonar, y cuando terminó *French-Cancan* salió de Francia por tiempo indefinido. Como Jean sabía que María no era buena para escribir cartas, le mandaba cuestionarios a México para que ella marcara con una cruz la respuesta correcta.

"Era muy tierno de su parte —cuenta María—, pero sabía que la separación era definitiva. Poco después conocí a Berger y se me abrió un mundo nuevo. Con él volví a París, pero también hubiera vuelto sola porque se había enamorado de la ciudad. En París todo se vuelve más fácil para una mujer. Es una ciudad femenina, donde los franceses nos han colocado en un pedestal. Allá he pasado la mitad de mi vida sin haber sentido nunca la famosa nostalgia del chilaquil, pero eso no quiere decir que haya olvidado a mi país. Me pasa una cosa rara: desde lejos lo quiero más".

Nunca me arrepentiré de haberle dicho no a Hollywood.

Por Sudamérica

A pesar de sus éxitos en Francia, María no podía descuidar a su público de América Latina, donde le ofrecían continuamente contratos en teatros y centros nocturnos. En 1955, al terminar *Los héroes están fatigados*, emprendió una gran gira por Centro y Sudamérica. No hubiera tenido que hacer nada en el escenario para ganar el dinero a montones. Ya la había presentado en plazas de toros sin hacer otra cosa que firmar autógrafos, pero por consideración al público montó un sketch cómico con Andrés Soler y se lanzó a un recorrido por Colombia, Ecuador, Venezuela, Bolivia y los países del cono sur.

Aunque don Andrés le hizo pasar aprietos por su mala memoria, en todas las plazas se presentaron a local lleno con un éxito arrollador.

En el sketch él era un viejo verde al que María traía por la calle de la amargura, engañándolo en situaciones de vodevil. Después del numerito, María bromeaba con el público y cantaba algunos boleros, advirtiéndoles que no la consideraba cantante. Ella sólo decía las canciones, nunca presumió de tener una gran voz. Le gustaban los tangos pero no se atrevía a cantarlos: únicamente piezas de Lara y de alguno que otro compositor.

Días antes de su llegada a Venezuela, procedente de Bogotá, el obispo de Caracas había estado advirtiendo desde el púlpito que los buenos católicos no debían ir a verla al teatro, porque María era una devoradora de hombres, una destructora de hogares y un peligro para toda la sociedad. Llegó al extremo de anunciar que si se presentaba en Venezuela tendría que pasar sobre su cadáver. El empresario la previno de sus amenazas, que para María resultaron una publicidad estupenda. Cuando llegó, la gente le dio una bienvenida fenomenal. Eso fue un sábado. El domingo se levantó María con la noticia de que el obispo había muerto de un paro cardiaco. Los periodistas empezaron a decir que María lo había matado y mejor suspendió la temporada, no fueran a lincharla en la calle. Por fortuna, sus relaciones con la Iglesia no siempre fueron tan malas. En México fue amiga durante muchos años de monseñor Garibi Rivera, que nunca se metió con ella ni pretendió sermonearla. Desayunaban en Sanborns a cada rato: tenía una conversación mundana muy agradable y le gustaba que María le contara chistes de todos colores.

De Caracas pasó a Bogotá, donde el empresario le tenía programados dos shows cada noche, algo insoportable para ella, que venía rendida por los cambios de horario y las tensiones del viaje. Una noche se negó María a salir al segundo show. Su representante Fanny Schatz le rogaba: "Por tu madre, María, mira que está el teatro lleno. La gente nos va a linchar". La convenció de salir al escenario pero no de actuar. Salió únicamente a dar las buenas noches y luego dijo:

—Me voy porque estoy muerta de cansancio. El viaje ha sido muy pesado.

—¡He pagado mil pesos y no he visto nada! —gritó un espectador de la galería.

María se le quedó mirando y le respondió:

—¡Pues sepa usted que otros han pagado más y han visto menos!

En Lima tuvo dos aventuras peligrosas, una en tierra y otra en mar. La primera durante su show, en un cabaret ubicado en el piso 25 de un edificio. Estaba cantando y de repente vio que el piano de Chucho Ferrer patinaba y pensó María: ¡Dios mío, está temblando y yo en las alturas! No fue un temblor sino un auténtico terremoto, pero en vez de huir siguió María cantando como si nada. La gente se paró histérica y tuvo que tomar el control de la situación: "Por favor, señoras, cálmense, no va a pasar nada, vamos a seguir la fiesta". Pasó el temblor y acabó el espectáculo con una gran ovación de pie. Al salir se tiró sobre un sofá temblando de pánico y le pidió a Fanny un coñac para reponerse del susto. Ella pensaba que no había tenido miedo.

—Claro que sí —le dijo María—, pero no podía quedar mal con la gente si soy Doña Bárbara. ¿Cómo iba a echarme a correr?

La embajadora de Francia en Perú fue la culpable de su aventura marina. Se llamaba Gina Saniel y había sido su amiga en París. Un día fue a comer con ella a la embajada y le contó que Jacques Cousteau estaba en el Callao, preparando una exploración de la fauna marina del litoral peruano. Gina estaba invitada para embarcarse al día siguiente con el equipo de Cousteau y le propuso a María que la acompañara. Quedaron de verse en el muelle, pero Gina faltó a la cita y María tuvo que subirse sola al Calipso, la nave de Cousteau, equipada con aparatos de primera en investigación submarina; Jacques era su fan y no sólo se alegró de conocerla en persona, sino que la invitó a bajar en una campana de vidrio al fondo del mar.

Le pusieron un traje de buzo muy entallado y descendió con dos camarógrafos a sesenta pies de profundidad. Fue maravilloso ver de cerca, frente a frente, a mantarrayas, delfines y tiburones, entre bancos de pequeños peces multicolores. Pero un tiburón tigre se molestó de que le tomaran la película y empezó a dar de topes contra la campana. Por poco se desmaya del susto. El vidrio se empezó a rajar y tuvieron que subirla a toda velocidad, con el riesgo de que sufriera una descompresión.

Afortunadamente no pasó nada, pero se le quitaron las ganas de volver a bucear.

En estos viajes tuvo María un romance con el único tipo de hombre que le podía aguantar el itinerario: un piloto colombiano. Era joven, fuerte, guapo y la seguía a todas partes en los aviones de la compañía Avianca, donde era el piloto estrella. Ganaba muchísimo dinero y estuvo un poco enamorada de él, pero en un momento dado pensé que ése no era su destino. Temió María que si su relación con él se ponía más seria, hubiera tenido que irse a Colombia o él hubiera tenido que venirse a México y ninguno de los dos planes le convenía. Pensó María el asunto y se distanció de él.

Alex Berger

Para entonces ya tenía de pretendiente a quien fue su marido durante dieciocho años: el banquero Alex Berger. María lo conoció en los años cuarenta, cuando estaba casada con Agustín y él era esposo de una polaca muy bella que se llamaba Nastia. Los presentó su amiga Natasha Gelman. El tipo le gustó, pero en ese momento Agustín era todo en su vida. No volvió a tener noticias suyas hasta mucho tiempo después, en el festival de Venecia, donde se encontró María a Natasha. Le preguntó qué había sido de Berger y le dio la noticia de que se había divorciado.

Entonces ya está libre —pensó María—, pero ¿cuándo nos volveremos a ver? Volaron los años y un día coincidieron en México en una fiesta. María lo vio atractivo, inteligente, simpático y no tuvo inconveniente en aceptarle una invitación a cenar. Mientras filmaba *Canasta de cuentos mexicanos* la fue conquistando con su carácter amable y firme a la vez, con su aureola de hombre cosmopolita, con su fineza en el trato y su sentido del humor. Le dio el sí a la primera que le propuso matrimonio y se casaron el 22 de diciembre de 1956 en un juzgado de Curbevoir, en las afueras de París. A la boda no asistieron periodistas porque Alex era enemigo de la publicidad.

Cuando la noticia llegó a México se atrevieron a decir que se había casado con él por su dinero, por interés. Le dio mucha rabia y furiosa se encerró en su cuarto para hablar consigo misma.

Alex tenía muchos atractivos para María aparte de su dinero. Hablaba rumano, turco, ruso, francés, alemán y español, porque desde niño las circunstancias de la vida lo obligaron a vivir en diferentes países. Nació en Bucarest, se educó en Austria, y al estallar la Guerra Mundial se nacionalizó francés. Cuando los nazis iban a invadir Francia emigró a México con su mujer y unas tías. Aquí puso negocios con el rey Carol, que también había huido de Europa y vivió unos años en Coyoacán. Los padres de Alex habían sido inmensamente ricos. Él siempre lo fue, pero nunca llegó a reunir una fortuna tan grande como la que tuvo su familia en Rumania.

"Para vivir con un hombre necesito verlo como un gigante —decía María—. No me preocupa si es un gigante para los demás: lo importante es que lo sea para mí. Alex lo era. Con él aprendí muchas cosas. Lo admiraba por su generosidad, por su astucia en los negocios. A puerta cerrada era fabuloso, en público tenía un encanto que cautivaba a la gente. Con él llevé una vida muy armoniosa. Lo que pido de un hombre es que su compañía sea agradable y su comportamiento varonil. Yo duré dieciocho años casada con él y siempre tuve un ambiente de amor, alegría, gentileza.

"Respetaba mi carrera como ningún mexicano lo hubiera hecho. Nunca me dijo 'no hagas esta película' ni mucho menos me pidió el retiro. Nuestra vida de pareja iba por un lado y el trabajo por el otro. Cuando llegábamos a un aeropuerto y la prensa me reconocía, se apartaba discretamente de los fotógrafos. Alex me decía Puma, seguramente por lo dócil que soy y lo fácil que resulta mi carácter. Pero a pesar de mi genio le hacía la vida ligera y feliz, porque en una relación de pareja no se puede ser arrogante de tiempo completo. Un hombre no puede adorar a quien lo humilla y Alex a mí me adoraba porque fui con él una compañera que no se ponía por encima del hombre.

"Tenía extrañas relaciones con el dinero. Para Alex no era difícil gastar en un Rolls, en un diamante, cambiarse de un chalet a otro, hacer un viaje. Todo lo fastuoso no le representaba ningún problema. En cambio muchas veces economizaba en un par de pantuflas. El lujo le parecía ridículo en las cosas simples. Era enemigo del faroleo. Por eso vendí mi casa de Catipoato cuando me casé con él. Era demasiado aparatosa y él veía el dinero como un medio para tener comodidad y disfrutar de la vida, no como un medio para llamar la atención. Le chocaba el ambiente conventual de la casa, y como tenía sus oficinas en el edificio Guardiola, enfrente de Bellas Artes, no podía estar yendo y viniendo hasta Tlalpan todos los días. 'Vende tu palacio y guárdate el dinero', me dijo. Le hice caso, pero en vez de añadir mi pobre caudal a su inmensa fortuna, me construí la casa donde ahora vivo. "Cuando empecé a llenarla de antigüedades Alex me dijo: 'Dale gracias a Dios que esta casa sólo tiene un piso, porque con todo lo que has metido ya se te hubiera caído encima'".

"Una de las cosas que más le agradezco —cuenta María—, y la que más me sorprendió en él por contraste con mis maridos mexicanos, era que no tenía celos de nadie. No tenía celos y además era hombre de una sola mujer. Quizá por eso tenía tanta confianza en sí mismo. No me vigilaba como sabueso ni veía como rivales a mis ex maridos. Agustín Lara se hizo amigo de la casa. Otro en su lugar no lo hubiera permitido, pero Alex era tan mundano y tan inteligente que hasta nos dejó hacer una gira juntos".

El señor Frank Fouce, propietario del Million Dollar de Los Ángeles, le propuso a Agustín que se presentara María con él en su teatro. Ella no quería ir, pero Alex la animó: "Ándale, ve, no seas terca, el músico poeta necesita dinero. Todavía está pagando el collar de rubíes que te regaló, ¿por qué no vas?" Total que María fue a la gira y surgió una rivalidad entre Agustín y ella. Él tenía muchos gatos en la barriga y se puso de mal humor porque le aplaudían más a María que a él. En uno de los shows, con el teatro lleno, para ponerla en ridículo delante del público le cambió el acompañamiento. Estaba cantando *Solamente una vez* y de repente se puso a tocar en el piano *Granada*. Lógicamente María se descontroló, pero en vez de obedecer al piano siguió cantando *Solamente una vez*. Al terminar el show le pidió a Fanny Schatz, su representante, que lo pusiera como camote. Ella fue a su camerino y le dijo:

—Maestro, por favor, usted sabe que María no es cantante. No es justo que usted le cambie la tonada enfrente del público, que no es sordo.

Entonces él se puso en plan orgulloso:

—¿Ah, no? ¿Entonces por qué canta mis canciones?

Fanny le llevó el recado y le advirtió por el mismo conducto que si no la acompañaba bien, cuando él saliera a llorar María iba a salir del otro lado a reírse de sus lamentos.

Al día siguiente Alex la alcanzó en Los Ángeles, porque no se quería perder el espectáculo de verlos juntos, y le tocó un pleito muy sabroso. Agustín ya no le cambió la melodía, pero tocaba las canciones en otro ritmo, acariciando las teclas muy despacito, y María no sabía cómo emparejarse con él. Entonces María ya no se aguantó el coraje y a la hora que le tocó cantar su "Acuérdate de Acapulco" se rió en su cara como diciendo: ni me acuerdo de Acapulco ni de nada. Alex tenía un gran sentido del humor y se divirtió de lo lindo con el desgarriate aquel, pero María estaba hecha un manojo de nervios. Fumó tanto que acabó con los pulmones deshechos y al final de la gira dejó el cigarro. Lo dejó de un día para otro, a puro valor mexicano. Y como pasa con muchos ex fumadores, después ya no podía soportar el humo. Eso con Alex era un problema, porque él tenía el vicio del puro. Comenzaba a fumar desde el desayuno y a María el olor le enfermaba. Entonces le dijo el doctor que había dos caminos: o su marido dejaba el puro o lo tomaba ella. Así que en vez de poner mala cara, María se aficionó también al puro, y conservó ese hábito, como un homenaje a él.

María le tuvo paciencia porque dijo: más vale que fume aquí en su casa a que se vaya a fumar a otra parte. En un matrimonio quien da el pan da la ley y hay que hacer concesiones de vez en cuando. Sobre todo con Alex, que era un novio permanente. Le facilitaba las cosas, estaba pendiente de ella todo el tiempo, le concedía una enorme importancia a los pequeños detalles de la vida. María tenía su casa en México, él tenía un departamento en París. No tenían vidas paralelas, vivían en diagonal. María hacía sus películas y él sus negocios. Se complementaban pero sin la asfixia del trato diario. Lo recibía en la casa como una visita, como un amigo querido, y así nunca tocaban lo cotidiano. "Amar para mí significa estar a gusto con una persona —decía María—, que se me pase el tiempo rápido. Alex pensaba lo mismo y sabía disfrutar la vida a niveles muy altos. Gozaba la comida, los viajes, la noche. Gozaba mis éxitos como si fueran suyos".

"De mí Alex aprendió a ser egoísta —recuerda María—. Cuando lo conocí se preocupaba demasiado por las opiniones de los demás. 'Hazle caso a tus propios demonios —le decía yo—, no te fijes en lo que piense el de junto'. Y lo hice cambiar tanto que me superó en ese terreno, porque llegó a tener un egoísmo tremendo. También le di brillo. A ciertas mujeres les molesta que su marido las presuma como un trofeo, a mí no. Me daba gusto entrar de su brazo al hipódromo o a una cena de banqueros y llamar la atención. Ésa era mi forma de apoyarlo y retribuirlo por el amor que me daba en la casa. Si estábamos bien acoplados en todo, ¿por qué no íbamos a estarlo hacia el exterior?"

María lo ayudó en algunos de sus negocios. Cuando estaba en los preparativos para la construcción del Metro se reunía a desayunar con Bernardo Quintana, el regente Corona del Rosal y los ejecutivos de la empresa Alstom. "Siéntate cerca de nosotros —me pedía— para que escuches toda la conversación". María se sentaba en una salita pegada al comedor y oía todo muy atenta. Era fascinante seguir los razonamientos de aquellos hombres tan inteligentes para lo suyo.

María y Pedro.

Tizoc

"Mi primer y único parto me había parecido un horror —recuerda María—, una verdadera masacre. En aquel momento no había los vapores de la anestesia y era cosa de parir a calzón quitado. Ningún ser humano se merece semejante dolor. Me prometí nunca volver a experimentarlo, pero por Alex anulé mi promesa. Él había sido hijo único, sufrió mucho en la infancia por la falta de hermanos. Nastia, su primera mujer, adoptó una niña que Alex nunca quiso. Yo le quise dar un hijo de su sangre, aunque no tuviera vocación para la maternidad. Estaba embarazada de dos o tres meses y tenía el compromiso de hacer *Flor de mayo* con Jack Palance. Pensé que lo mejor sería cancelar la película, para no exponerme a un accidente, y se lo dije a Alex, pero él me convenció de que aceptara: 'Es mejor para ti, te vas a distraer, hazlo. Todavía estás muy delgada, tu silueta no va a cambiar en unas cuantas semanas'. Viajé a Topolobampo y sucedió lo que me temía. En una escena me resbalé, fui a caer de bruces contra unas rocas y perdí a la criatura. Nadie lo supo: sólo Alex, el médico y yo. Quedé un poco delicada y ya no le pude hacer su regalo".

Por esas mismas fechas tuvo María un gran éxito con Tizoc, una película que tampoco había querido hacer. Cuando Ismael Rodríguez le llevó el guión sintió que estaba fuera de papel. Decía María que de virgen no tenía ni la punta del pie. Tampoco le parecía verosímil el personaje del indio. Le dijo a Ismael Rodríguez: "No creo en Tizoc porque los indios no se peinan, ni caminan, ni hablan como él. Tizoc es un indio pendejo y los indios no son así, los indios son picudos, nos dan tres vueltas a ti y a mí. Tienes que pagarme mucho para que acepte". Ismael se quedó un poco desconcertado y le dijo: "Déjame reflexionar y contar mis billetes". Tuvo que hipotecar su casa para pagarle, y sólo dio María su brazo a torcer a condición de que luego hicieran *La Cucaracha*, otro proyecto suyo al que sí le tenía mucha fe.

"Todavía se me ponen los pelos de punta —cuenta María— cuando veo esa ridícula escena en que Pedro Infante le canta a mi efigie: 'Virgencita, ya estoy aquí, no ti vayas a incomodar'. ¡Qué ridiculez! Sin embargo, la película causó mucho impacto en el pueblo. Hace unos años fui a ver a una de mis bordadoras a su casa en ciudad Netzahualcóyotl. La pobre se estaba muriendo y quise darle una alegría en sus últimas horas. Me quedé estupefacta al ver que tenía sobre su buró, con una veladora, la foto de Tizoc en que salgo vestida de virgen".

"De Pedro Infante guardo un recuerdo afectuoso —recuerda María—. Era un hombre con una preparación rústica. No se bajaba nunca de su pedestal de macho, pero tenía un ambiente de *charme*. Tuvo hermosos detalles conmigo. Un día se presentó en mi casa con un comedor estilo colonial que él mismo había tallado en su taller de carpintería. En la filmación de Tizoc me llevó a pasear en motocicleta y luego me regaló su guitarra. Antes de morir me llevó una serenata a Catipoato el día de mi cumpleaños. Pudimos haber hecho algo mejor en el cine. En la vida no teníamos casi nada en común, porque no sabía tratar a las mujeres de igual a igual".

French Can-can.

La Cucaracha.

De revolucionaria

"Confieso —cuenta María— que no he visto la mayoría de las películas de mi ciclo revolucionario. Cuando las hice vi algunos pedazos en copia de trabajo, pero ahora me da miedo verlas. Miedo a la decepción, a que no me gusten y ya no pueda corregir nada. Hay actrices que tienen el narcisismo o el masoquismo de grabar todas sus películas. Mi narcisismo consiste en no verlas. Consideré siempre que estuve muy mal fotografiada, salvo en mis trabajos con Gabriel Figueroa. Me lo dijo Alex Phillips, otro excelente fotógrafo: 'Tú eres mejor en la realidad que en pantalla'.

"Para mí hacer una película era una aventura, un riesgo, y por eso no me incomodaban las críticas negativas. Al contrario: las tomaba en cuenta para mejorar. Aunque ya tuviera treinta películas encima yo siempre creí que podía mejorar. Por eso exigía que donde yo trabajara me pusieran los mejores actores dentro de las posibilidades del ambiente. Influía mucho en mis repartos, no al extremo de formarlos completamente, pero sí pedía mi fotógrafo, al galán. Y como los productores eran mis amigos me hacían muchas concesiones. También intervenía en las historias. Creo que ahí estuvo el punto flaco de mis películas. Un Mauricio Magdaleno, un Revueltas, un Villaurrutia no se dan en maceta. En un momento dado me quedé sin escritores. Siempre estaba pensando que faltaba talento en los guiones que me ofrecían y para mí una película es primero que nada la historia".

"En *La Cucaracha* —recuerda María— hicimos un trabajo muy digno. Ahí colaboró en los diálogos Ricardo Garibay, y mejoró mucho la calidad. En las demás películas faltaba realismo. Yo sabía perfectamente que no daba el tipo de soldadera, pero eso era lo que me gustaba del cine: representar personajes diferentes a mí, quitarme la piel y ponerme otra. Ya había sido mujer sin alma, bailarina de cancán, niña rica. Me faltaba ser la mujer de abajo. Pero mi tipo no habría sido un problema si las películas hubieran reflejado lo que de veras fue la Revolución. Todo lo querían poner atractivo y la Revolución Mexicana no fue así. Fue mucho más dura.

"En *La Cucaracha* alterné por primera y única vez con Dolores del Río. Ismael quería darle el papel de Dolores a una debutante, pero como en la película nos disputábamos el amor del coronel Zeta exigí que la coestelar fuera una actriz de primera. Con Dolores no tuve ninguna rivalidad. Al contrario: éramos amigas y nos tratábamos con mucho respeto, cada una con su personalidad.

"La conocí en los años cuarenta de una manera curiosa. Ella era actriz exclusiva de Films Mundiales y yo de Clasa, pero las dos compañías tenían sus oficinas en los mismos estudios y compartían al mensajero. Una vez le ordenaron que llevara un guión a mi casa y otro a la de Dolores, y el mensajero se confundió: a mí me tocó el de *Vértigo*, que era para ella, y a ella *La selva de fuego*, que era para mí. Leímos las historias y quedamos encantadas. A Dolores seguramente le halagó que siendo una mujer madura le ofrecieran un papel de jovencita donde tenía que salir ligera de ropa, como en sus mejores tiempos de Hollywood, y a mí me gustó que a pesar de mi juventud me ofrecieran un difícil papel dramático. Los productores descubrieron el error demasiado tarde, cuando ya estábamos entusiasmadas con los papeles equivocados, y para no defraudarnos aceptaron el intercambio".

Desde entonces se cayeron bien y nunca hicieron caso de los chismosos que trataban de enemistarlas metiendo cizaña de un lado y del otro. Éran completamente distintas: Dolores refinada, interesante, suave en el trato. María: enérgica, arrogante, mandona. Dolores se lo dijo muchas veces: "Tú no te pareces a mí para nada. Tú dices que yo tengo un comportamiento de princesa. Es verdad, así me educaron. Pero a mí me gustaría ser como tú: normal, sin esta diplomacia que tengo, que no es más que hipocresía. Ojalá pudiera decir las cosas de frente y con todos sus colores, como haces tú. Yo soy una hipócrita de marca mayor porque me porto siempre bien cuando desearía portarme de otra manera". Tampoco en la vida privada se parecían. No llegó María a ser su íntima, pero tuvo la impresión de que Dolores se entregaba más que ella en el amor. Por eso la dejó plantada Orson Welles. A María ningún hombre le hizo la vida pesada, porque nunca le apostó a uno solo todas sus fichas.

Entre sus películas revolucionarias, María recordaba especialmente *La Escondida* por una jugarreta que le hizo a su amigo Roberto Gavaldón, el director. Hay una escena en la película donde María toma un baño de sales. Tardaban horas en hacerla y se enfriaba el agua.

—Oye, Roberto —le dijo María—, apúrate que voy a pescar una gripa.

Roberto ni caso le hizo y siguió hablando con el fotógrafo. Llegó el intermedio para comer. No pudo María probar bocado porque la escena todavía no quedaba a su gusto y se le podía cortar la digestión si volvía a meterse en la tina con el estómago lleno. Después de que todos comieron regresé a las burbujas y por fin la escena salió como Roberto quería.

Entonces lo llamó y le dijo María:

—Ya te demostré que soy una profesional, ¿verdad? Pues ahora sufre la venganza que te preparé por tratarme como una huarachuda.

Entonces empezó María a pasar lista a los actores y a los técnicos del equipo, que ya estaban de acuerdo con ella, y todos a su turno gritaron:

—¡Chingue a su madre el señor Gavaldón!

Tanto Gavaldón como María se aguantaban esas bromas porque eran muy amigos. Para ella era un hombre cálido, amable, simpático, y uno de los directores más talentosos.

La Escondida, *La Cucaracha* y *Juana Gallo* fueron películas difíciles para María. Había mucha batalla, mucho polvo, mucho caballo. Se divirtió en *Café Colón*, por la música. Era un descanso salir de bataclana, bailando y cantando, en vez de revolcarse en las trincheras con el máuser al hombro. Algunos amigos de entonces le traían el coco revuelto con la idea de que hiciera una película de arte con un gran director. La oportunidad se le presentó en *Los ambiciosos*, donde trabajó con Gerard Phillipe y Jean Servais a las órdenes de Luis Buñuel. *Los ambiciosos* pudo haber sido una gran obra, pero desgraciadamente hubo muchas discusiones con los productores y Buñuel tuvo que alterar el argumento con tanta frecuencia que al final quedó irreconocible. La historia original era mucho más interesante. Buñuel tenía un sentido del humor formidable. Se entendieron muy bien y de ahí surgió una amistad que se prolongó hasta su muerte. Luis quería hacer con María una película que se iba a llamar *El monje*, basada en una novela gótica de Mathew Gregory Lewis, un escritor inglés del siglo XVIII. Era la historia de un monje español a quien hace caer en pecado mortal una encarnación femenina del diablo. Pero en el guión había muchas escenas de necrofilia y ningún productor se quiso arriesgar con un tema tan escabroso.

Cuentan por ahí que en la filmación de *Los ambiciosos* anduvo María de pique con Gerard Phillipe y que hasta lo mordió en una escena de amor. Narra María que eso era mentira: "Nos queríamos mucho. Incluso llegué a visitarlo en su casita de Ramatuel, cerca de Saint Tropez. Era la imagen de quien tiene clase, del amor a la vocación. Ya estaba enfermo y demacrado cuando trabajó conmigo en la película, y aun así conservaba su encanto".

María y Quique.

Quique

Cuenta María que de no haber sido María Félix, le hubiera gustado ser el hijo de María Félix, porque a Quique se le dieron las cosas más fáciles que a ella. Él aprendió de chico lo que ella tuvo que aprender de grande. Consideraba María que era un hombre muy dotado, con un sentido común admirable. Era actor porque tenía las suficientes tripas para serlo. María no acostumbraba pedir consejos a nadie, porque prefería equivocarse sola, pero a Enrique sí le consultaba algunas cosas. A veces él le decía: "¡Qué suerte tienes de tenerme, madre! " Y María consideraba fabuloso tener un hijo como él.

Cuando Enrique estudiaba en Canadá hicieron un trato. "Mi moneda es el trabajo —le dijo María— y la tuya el estudio. Si sacas buenas notas te llevo de viaje a cualquier parte del mundo en tus vacaciones, y si tu calificación es muy alta puedes venir a verme con un amigo adonde yo esté". Comprendió Enrique su lenguaje y siempre fue un estudiante muy destacado. Sus diplomas eran como cheques al portador. María hizo una buena inversión con él, pues le devolvió con creces la educación que le dio. Era su mejor amigo. Se divertía mucho en su compañía porque sabía mucho de ópera, de literatura, de teatro, y heredó de ella el don de saber conversar. No lo consideraba hijo de mami, como algunos creían. Trabajaba por su cuenta, luchaba como ser independiente. María no era la que le conseguía el trabajo: él tenía su propia carrera, su público, su cartel, y asumía sus responsabilidades sin apoyarse en ella. Por ser hijo de quien era lo han considerado siempre rico, pero no es verdad, porque Enrique vivió de su trabajo. Aprendió a valerse solo desde muy joven y desde entonces ya no le pedía nada.

El colegio canadiense donde estuvo internado era una escuela casi militar, en que los muchachos aprendían a tener una disciplina. Enrique volvió de Canadá con una fuerza de carácter que le sirvió toda la vida. Estudió Ciencias Políticas en la UNAM con la idea de ingresar en el servicio exterior, donde podía aprovechar su dominio del inglés y el francés, y se graduó con las mejores notas; pero luego le gustó más el espectáculo que la diplomacia. María no quería que fuera actor, porque consideraba que éste era uno de los oficios más duros. Él veía todo fácil, sólo pensaba en los aplausos, la fama, el éxito. María cumplió con su deber al advertirle que para él esa vida iba a ser muy difícil. "Vas a tener que ser mejor que yo —le dijo—, más inteligente y más disciplinado para que te acepten, o de lo contrario vas a padecer un rechazo". Pero él se metió a la carrera con una dedicación asombrosa y con el tiempo se hizo un actor de primera. Estaba feliz de que María le hubiera permitido llevar su vida en la forma como él quiso.

"Nuestro pacto —cuenta María— fue respetarnos y no interferir en las decisiones del otro. En general, Quique siempre fue amable y respetuoso con los hombres que estuvieron a mi lado. No era un hijo celoso. Con Alex una vez tuvo una discusión por no sé qué tontería. No fue nada grave, pero yo le hablé muy claro:

"—Mira —le dije—, yo contigo nunca me voy a pelear. Por muchas diferencias que tengamos, tú siempre vas a volver a mí. Vamos a estar juntos toda la vida, nuestros lazos no se van a romper. Pero si yo tengo dificultades con

Alex, Alex se puede ir y no volver. Así que mucho cuidado con esta relación. Debemos cuidarla mucho. Si Alex tiene la razón, se la voy a dar a él; si la tienes tú, te la daré a ti. Pero evítame, por favor, el tener que estar haciéndola de réferi entre ustedes.

"Por fortuna, cada quien hizo lo suyo para limar asperezas, y mi vida con Alex nunca se enturbió por un conflicto familiar. Fue una relación que trabajé a pulso para que todo marchara bien".

(Enrique Álvarez Félix falleció en 1996).

La bella Otero.

Vida matrimonial

"Lo que muchas mujeres no entienden —cuenta María— es que una esposa debe hacer concesiones y mantenerse atractiva para que un matrimonio salga adelante. Una parte fundamental de mi disciplina era el sueño. Más que el sueño el descanso, porque no todos los seres necesitan dormir la misma cantidad de horas.

"Yo, por ejemplo, no necesito dormir mucho, pero sí a fondo. Nunca he tenido la costumbre de tomar una siesta. Alex sí. Cuando íbamos de viaje a Italia, por ejemplo, donde hace un calor sofocante en verano, él se quedaba tumbado en la cama y yo me salía a ver iglesias o a recorrer tiendas. Por estar siempre en actividad continua, taloneando todo el santo día, tuve que aprender a darme descansos. Por ejemplo, para estar lista para una fiesta o cosas así, yo me tendía en el suelo diez minutos boca arriba y diez minutos boca abajo, mientras Alex escribía cartas o contestaba llamadas. Después del relax estaba como nueva para lo que viniera.

"La música también me calma los nervios. Con Alex siempre había música en la casa. Él se había educado en Austria, cerca de Viena, y Viena es la ciudad de la música. Íbamos a conciertos muy seguido, también a la ópera. No dejábamos de ver nunca a la Callas, a la Cerquetti, a Renata Tebaldi, a todas las grandes. A mí me gustan todas las óperas, sean fáciles o difíciles. Wagner me fascina pero no le hago el feo a los italianos. Otra de nuestras aficiones era el golf. Es un juego para masoquistas. Alex iba todos los domingos al club, yo sólo de vez en cuando".

"Dos veces al año —narra María— salíamos de vacaciones y teníamos un pacto para decidir adónde íbamos a viajar: una vez le tocaba escoger a Alex y otra a mí. Cuando me tocaba elegir él era mi esclavo. En una ocasión, mi amigo Antenor Patiño nos prestó su yate y yo quise hacer un recorrido por las islas griegas. Alex detestaba el calor y hubiera preferido ir a cualquier otra parte, pero se tuvo que aguantar porque eran mis vacaciones.

"Cuando él decidía, la víctima era yo. Le gustaba mucho pasar el verano en Cran Sur Ciel, un centro vacacional de Suiza donde jugaba golf con sus amigos. La primera vez que fuimos yo no conocía a nadie. Los tres primeros días me dediqué a comprar en las tiendas, pero llegó un momento en que me aburrí. Entonces puse un anuncio en el periódico local que decía: 'María Félix, conocida actriz de cine (*Enamorada*, *La bella Otero*, *French-Cancan*) busca partenaire para jugar canasta o backgamon'. Esa misma tarde llegaron a verme como veinte personas y me pasé las vacaciones muy divertida.

"En dieciocho años de casada con Berger nunca le pedí un centavo, teniendo cuenta mancomunada con él, porque los gastos chicos le molestaban. Yo nunca firmé un cheque: él falsificaba mi firma cuando hacía falta. Lo hizo tantas veces que, cuando murió, el banco me rebotó los cheques porque mi verdadera firma no cuadraba con la falsificada.

"Una vez, en México, vi una joya que me cautivó. Pero sólo costaba ciento cincuenta mil dólares, y por una cantidad así no quise molestar a Alex. Entonces, de acuerdo con la gobernanta de mi casa, elaboré un plan para sacarle el dinero a Alex sin tener que tomarlo yo de la cuenta.

Alex tenía un *bull dog* que era su mejor amigo. Se llamaba Panito y vivía como rey en la casa, comiendo filete a diario y con un taburete especial que le mandamos hacer para que recibiera a las visitas cómodamente sentado. Alex lo sacaba a pasear todas las mañanas y viajaba con él a París. Nuestro plan consistió en secuestrar a Panito. Le pedí a Reina, la gobernanta, que se lo llevara a su casa y llamé consternada a mi esposo:

"—Pasó algo terrible. Secuestraron a Panito. Esta mañana me hablaron por teléfono y piden un dineral: ciento cincuenta mil dólares.

"—Pero ¿cómo en dólares? ¿Por qué no quieren pesos?

"—No sé, pero quieren dólares.

"—Bueno —me dijo—, entonces vamos a hacer un cheque.

"—No, Alex, quieren el efectivo en la mano.

"Tenía que pedírselo así porque de lo contrario habría quedado en ridículo cuando fuera a cobrar el cheque. Valerosamente, Alex se ofreció a llevar el dinero del rescate, pero lo detuve con otra mentira:

"—Quieren que lo lleve personalmente yo. Si ven un hombre, Panito se muere.

"Por fin me dio los dólares y la gobernanta devolvió a Panito.

"Alex, que había estado angustiadísimo, se puso feliz al verlo:

"—¡Qué secuestradores tan educados! —me comentó—. Lo cuidaron muy bien. ¿Ya viste qué brillante tiene el pelo?

"A veces Alex era el que se aprovechaba de mi amor al dinero —sigue contando María—. Una vez, en Acapulco, me ofreció ochenta mil dólares por subirme en el paracaídas y darme una vuelta por la bahía. No me gustaba nada eso de volar por los aires, pero la oferta era muy tentadora. Me treparon al paracaídas y como el piloto de la lancha resultó ser admirador mío, me dio una vuelta extra. Era más de lo que mi estómago podía soportar. Vomité desde las alturas a todos los bañistas de Acapulco y me bajaron muerta de miedo, pero feliz de haberme ganado el premio.

"Con Alex iba muy seguido al box en París. Una vez, saliendo de ver no sé qué pelea, nos metimos a cenar al Pierre. Llevaba puesto un traje de pantera de Somalia y una gargantilla de rubíes. Me levanté de la mesa para ir al tocador y en el bar me caí de bruces. Los meseros me echaron por borracha, creyendo que una mujer tan exótica debía ser una tal por cual. Berger tuvo que ir a la calle por mí, pero se tomó el incidente a broma. Yo estaba furiosa y él doblado de risa:

"—Tú no te das cuenta —me decía— de que contigo me divierto todo el tiempo".

Alejamiento y retorno

En los años sesenta, María se fue alejando paulatinamente del cine. Antes filmaba dos o tres películas por año. En toda la década sólo hizo otras seis, porque se volvió más cuidadosa y exigente para escoger sus guiones. Alex no la alejó del ambiente, ni es verdad que haya preferido los círculos financieros a la farándula. Simplemente se hartó de la mediocridad. Le ofrecieron muchas obras de teatro, pero tampoco le agradaba la idea de pararse en un escenario a repetir lo mismo noche tras noche. Su hijo Enrique si tenía esa pasión. Ella no. Esas obras en las que el público necesita romperse el coco para entender algo, a ella no le gustaban. Y con los sueldos que pagaban en el teatro, ¿cómo iba a vivir?

Todavía hizo algunas giras de cantante, presentándose en el teatro Puerto Rico de Nueva York, donde hubo colas bajo la nieve para entrar a verla. El empresario quiso prolongar su temporada, pero tuvo que regresar a México a filmar con Luis Alcoriza una película que primero se iba a llamar *Safo 63* y luego se tituló *Amor y sexo*. Era el año 63. La censura había aflojado un poco y Luis Alcoriza le preguntó si quería hacer un desnudo. Antes sólo había salido en una tina cubierta de espuma o enseñando la espalda, pero aquí sí se desnudó María de la cintura para arriba. Se dijo que lo hizo para demostrar que no había pasado el tiempo por ella, como si le importara un comino la opinión de los demás. "No, señor —cuenta María—, hice el desnudo porque me dio la gana. Lo consulté con Berger y él me dijo: 'Si te crees lo bastante guapa, adelante'".

Fue su último papel de mujer sin alma. Luego hizo *La Generala* con el director Juan Ibáñez, de quien tenía mejor impresión antes de hacer la película que cuando la vio en copia de trabajo. Creía María que el resultado no estuvo a la altura de sus ambiciones ni de sus esperanzas, aunque la película dejó un dineral en taquilla.

Pasaron dos o tres años en que no hizo nada hasta que le propusieron actuar en una telenovela histórica. Se llamaba *La Constitución* y la produjo su amigo Miguel Alemán Velasco.

Acostumbrada al ritmo del cine, donde se necesitan seis semanas de rodaje para una película de hora y media, le costó trabajo a María adaptarse a las prisas de la televisión, donde tenían que grabar un capítulo diariamente. En la grabación le tocó sufrir algunos percances. Cuando grababan una matanza de indios yaquis en el Tepozteco, en una de cuyas escenas tenía que tirar un cohete, el técnico en efectos especiales que le enseñaba cómo prenderlo se puso nervioso, y el cohete le reventó en la mano. Sólo perdió la uña del pulgar izquierdo, pero Miguelito quería llevarla a México en ambulancia. No lo aceptó. Pidió alcohol y vendas, se curó la mano ella misma y al día siguiente continuó trabajando como si nada. No se fue a México porque la secuencia era muy complicada, había miles de extras en la locación, y hubiera sido poco profesional de su parte dejarlo todo tirado.

Lo malo fue que al día siguiente, ya con la mano vendada, su vestidora le trajo por error dos zapatos del mismo pie. María se dio cuenta cuando ya estaba por salir a escena y tuvo que aguantar una caminata larguísima con un tacón al revés.

La Constitución fue su último trabajo profesional como actriz. En gran medida se apartó María del espectáculo porque absorbía todo su tiempo una nueva pasión: la pasión por los caballos.

María rodeada de un mundo excitante.

Sus caballos

Cuando María se casó con Berger él ya tenía su cuadra. Lo único que cambió fue que la puso a su nombre y como los caballos eran de ella también era suya la responsabilidad de cuidarlos.

"Es mucho más difícil manejar una cuadra que hacer películas —cuenta María—. En una película yo tengo el control de todo, pero no le puedo decir al caballo cómo debe correr para ganar un premio. El éxito de un caballo tampoco depende de su precio. Lo que uno compra es la sangre y la estampa del animal, pero no su corazón. El caballo sale bueno o malo, independientemente de lo que uno invierta en él. Comprar un caballo es como comprar un billete de lotería. Hasta después se sabe si uno le pegó al gordo o no. Mi cuadra, la cuadra María Félix, llegó a ser la más importante de Francia, pero los mexicanos ni se enteraban de los éxitos que tenía con mis caballos en los principales derbies de Europa. Gané el Derby de Irlanda en Dublín con un caballo que se llamaba Malacate, batiendo en su propio terreno a los irlandeses y a los ingleses. Caracolero ganó de punta a punta el Grand Derby francés del jockey Club. Otro de mis estrellas, Nonoalco, fue el mejor caballo de Europa en carreras planas.

"Alex lo compró en treinta mil dólares y lo vendió dos años después en tres millones y medio. Le ofrecían más por él si no corría su última carrera en Longchamp. Yo hubiera preferido que lo vendiera a mayor precio, pero Alex quería verlo correr por última vez, y ahí ganó el Prix Round Point. En el Derby de Epsom, en Inglaterra, corrió como favorito contra los caballos más importantes del mundo".

Todos los caballos de su cuadra tenían nombres mexicanos: María Bonita, Mayab, Zapata, Pancho Villa, Chamuco, Actopan, Mocambo. También le puso nombres de sus películas: Doña Bárbara, Doña Diabla, Río Escondido. Pero los nombres que le dieron más suerte fueron Chingo y Verga. Con ellos ganó dos veces el *steeplechase* de París, porque desde su bautizo ya tenían la marca de ganadores. A los caballos de carreras planas los tenía en el hipódromo de Chantilly, en establos rodeados de jardines y bosques. Los de obstáculos estaban en el castillo de Maisons Laffitte, a unos veinte kilómetros de París.

Tuvo un estupendo caballo de obstáculos que se llamó Chakansoor. Un día estaba corriendo en Auteuil a la cabeza del pelotón. Ya tenía ganada la carrera, pero en el último obstáculo metió la pata en un hoyo y se la rompió. Ahí mismo en la pista levantaron la bandera roja y lo mataron de un tiro. Esto sucedió en 1969 y desde entonces fue instituido en Francia el premio Chakansoor en honor al caballo, pero María quedó tan impresionada que por mucho tiempo no quiso volver a Auteuil.

Entre sus jockeys recuerda María con especial cariño a Lester Piggot, que era el mejor de Inglaterra. También tuvo una mujer jockey, que además fue su secretaria. Se llamaba Micheline Leurson y montó a Malvado en el Prix de la Reine Marie,Amelie. María se emocionaba tanto en cada carrera que, si por la mañana se ponía un pantalón entallado, en la tarde ya lo sentía flojo. Bajaba dos kilos de los puros nervios, porque para ella era una derrota quedar en segundo o tercer lugar: siempre deseaba el primero.

Desgracias

Mientras atendía su cuadra de caballos en Francia, viajaba constantemente a México. No sólo le obligaban a ello las leyes francesas, que exigen a los extranjeros salir del país a los seis meses de residencia para renovarles la visa, sino la mala salud de su madre. Chefa se vino a vivir a su casa de México porque ya no aguantaba a su hija Paz. Tenían pleitos a cada rato y entonces María le dijo que mejor se viniera a vivir con ella. Estuvo a su lado doce años. Alex la protegió y siempre fue muy amable con ella. Tenía una fortaleza impresionante para su edad, pero cuando cumplió los noventa empezó a perder el equilibrio. En el año 73 o 74 se cayó de la escalera. Fue María a verla, la llevó al médico y luego tuvo que volver a París. Al despedirse le dijo:

—Usted se va a cuidar, usted va a caminar con mucho cuidado, porque yo voy a irme muy lejos y no quiero que se vuelva a caer.

—Tú no te apures —le contestó—; si me tengo que ir, yo te espero.

Se fue María y regresó a los dos o tres meses con Alex y el día que llegaron con Quique le dijo:

—Quiero cenar con ustedes. ¿Me permiten cenar con todos?

—Claro que sí, Chefa, seguro.

Cenó con todos, estuvo muy contenta. Al despedirse le dio su bendición, pero en vez de pasarle la mano por la frente le clavó la uña.

—Pero eso me hace daño —le dijo María—, ¡qué bendición tan cruel!

—Es para que te dure —le contestó.

—Sí, me va a durar, porque esto me va a dejar marca.

Se fue a su recámara y a los diez minutos estaba muerta. Fue muy impresionante. Sabía que se iba a morir y quiso dejarle una huella en la frente.

Las desgracias nunca vienen solas. Meses después de perder a Chefa cayó enfermo Alex. La última vez que salieron juntos —a una cena en el Maxim's— fue el 28 de octubre de 1974. Luego se le declaró un cáncer pulmonar y murió dos meses después, el 31 de diciembre. Alex no tenía religión, pero lo enterró María con cruz y con una misa de cuerpo presente, porque no quiso que se fuera tan desamparado a la otra orilla.

Desde que Alex se internó en el hospital María se empezó a derrumbar anímicamente. Le preguntó al neumólogo que lo atendía, el doctor Chuvrac, que era una gran eminencia, si le podía dar algo para ver la vida de otra manera. Le recetó unas pastillas tremendas para dormir que se llaman Traxén, y cuando Alex murió ya no las pudo dejar.

Sintió María como si le quitaran el suelo de los pies y se fue al hoyo de la depresión casi un año. Adelgazó dieciocho kilos y lo peor fue que le perdió el gusto a la vida. No salía de su departamento ni contestaba llamadas. Tomaba pastillas para dormir, para levantarse, para estar bien. En medio de esa crisis emocional se le vino encima el lío de la herencia. Cuando Alex murió María no sabía si había dejado testamento o no, porque le disgustaba hablar de esas cosas. Una sola vez, cuando iba a firmar como testigo en la lectura del testamento de un socio, le preguntó si él no había pensado hacer el suyo. Creí que no le había hecho caso, pero su comentario le cayó en la oreja, porque después de su muerte hallaron en la caja fuerte de su oficina una nota que decía "Para mi Puma". Era un testamento ológrafo en el que le dejaba todos sus bienes. Por ley, en Francia le corresponde a los hijos el veinticinco por ciento de la fortuna del padre, sean naturales o adoptivos. María no tenía inconveniente en dejarle su parte a la hija adoptiva de Alex, pero ella quiso el cincuenta por ciento y no le quedó más remedio a María que iniciar un pleito legal. Todo lo tuvo que arreglar a base de pantalones, porque aun teniendo abogados de mucho prestigio necesitaba estar muy viva para que no le hicieran algo por debajo del agua. Al final quedó muy bien parada, pero el embrollo legal acabó con sus nervios.

Había perdido la estabilidad física y estaba muy delgada. Un amigo le dijo: "Si te quieres morir, yo te puedo ayudar, pero si quieres vivir, también te ayudo". Le dijo que no se quería morir y le llevó de la mano a Rochester, a la Clínica Mayo, que es una de las mejores del mundo. Ahí les contó que había perdido dieciocho kilos y le dijeron: "¿Ah sí, pues dónde los dejó?" Se le habían ido con las pastillas. Fue lo primero que le quitaron, pero sin decirle nada. Le daban placebos para que trabajara la sugestión y María se adormecía como si tomara tranquilizantes. Le enseñaron a dormir, la reconstituyeron físicamente con una dieta especial, y poco a poco fue regresando a la vida.

María siempre bella.

Volver a nacer

Al salir del sanatorio vendió María todos los muebles de sus casas en México y en París y cambió por completo la decoración. Había vuelto a nacer y necesitaba alegrarse el ojo con algo nuevo. Se había quedado con los ochenta y siete caballos de la cuadra en los brazos y tuvo que dedicarles todo su tiempo durante cinco años. Se levantaba a las cinco de la mañana para supervisar a los entrenadores y a los jockeys.

"Alex decía —cuenta María— que el mejor negocio para una mujer sola es no hacer negocios. Tenía toda la razón. Por eso desde su muerte yo no he querido emprender negocios por mi cuenta. Sólo cuido lo que tengo con la ayuda de mi hijo Enrique. Vendí la cuadra de caballos hace como diez años porque llegó un momento en que me resultaba difícil administrarla. Desde entonces tengo más tiempo para dedicárselo a mis amigos de México y de París".

Le propusieron filmar Toña Machetes, la novela de Margarita López Portillo. Aceptó porque el personaje le pareció hecho a su medida, como si Margarita se hubiera inspirado en ella. Se hicieron varios tratamientos del guión, María pidió que se incluyera una escena de magia negra en la película, como homenaje a Doña Bárbara, y algunas tomas de su vida en París, para subrayar la semejanza del personaje con ella. Ya estaba todo preparado para empezar el rodaje, incluso fue a Guadalajara con Gabriel Figueroa a escoger locaciones en la hacienda de La Escoba, que María conocía desde niña, pero de pronto Margarita tuvo el capricho de que dirigiera la película el español Carlos Saura en lugar del mexicano Raúl Araiza. Habló María con Margarita y se opuso terminantemente a que una película tan mexicana fuera dirigida, fotografiada o actuada por extranjeros.

Había cobrado tres millones de entonces por adelantado y Margarita le pidió que se los devolviera, pero el contrato estipulaba que si la película se cancelaba, María se quedaría con el anticipo. Eso la sacó de quicio, porque se había ensoberbecido con su puesto, y estando María en París mandó a unos judiciales a su casa de Polanco con una orden de embargo. Por fortuna ahí estaba Raúl, el cuidador de la casa, y le habló por teléfono a París:

—No los deje entrar —le ordenó María—, y si es necesario écheles bala.

Desde París se comunicó a la ANDA con David Reynoso, que entonces era el secretario general, y él habló con Margarita para exigirle que retirara a los judiciales. Como hermana del presidente, Margarita tenía demasiado poder y abusaba de él con mucha gente, pero María no se dejó.

Después de esas arbitrariedades cualquiera se habría negado a participar en otra película mexicana, pero María estuvo dispuesta a hacerlo por amor a su profesión.

Luego la contrataron para filmar *Eterno esplendor*, una película basada en *Los papeles de Aspern*, que iba a dirigir Jaime Humberto Hermosillo. El proyecto se anunció con bombos y platillos en una conferencia de prensa, pero a la hora de la hora los productores no quisieron o no pudieron hacerla y otra vez le pagaron por nada.

Antoine Tzapoff

Durante algunos años había deseado María encontrar a un hombre joven y guapo que además fuera inteligente y pensaba que tal vez podía ser pintor. "Pero ¿cómo vas a encontrarlo —pensaba María—, si el producto más difícil que te puedes encontrar en la vida es un hombre? La mayoría son homosexuales, los demás están casados, y cuando hay un hombre suelto las mujeres lo lazan con mecate de barco". Pero corrió con suerte y tuvo el privilegio de encontrar a un pintor de enorme talento: Antoine Tzapoff.

Lo conoció primero por su trabajo. Tenía María un amigo francés —André— que era experto en arte negro y pintura. André la acompañó a Nueva York a una exhibición de modas organizada por otro amigo suyo, Frederic Castest, el director de pieles y diseños de la casa Dior. Iban a presentar una colección de trajes y modelos de estilo mexicano y con ese motivo Frederic la llamó para tomarle unas fotos con chales y vestidos inspirados en el atuendo de los huicholes. La mejor foto fue una en que salía con un chal en la cabeza. Al verla le dijo André:

—Tengo un amigo pintor y si me das esta fotografía verás que pintura te hace.

Le dio María la foto sin tomarlo en serio y meses después, en París, le habló para avisarle que ya tenía la pintura.

—¿La quieres ver? Está bonita. Ven a cenar a mi casa.

Aceptó la invitación y ahí estaba la pintura. A María le pareció bonita, muy expresiva y bien delineada. Pensó que André se la iba a regalar pero no fue así. Poco tiempo después le habló por teléfono:

—El pintor va a venir a cenar a la casa. Te invitamos.

Fue la primera vez que vio a Antoine. Le pareció muy atractivo pero al principio sólo se interesó en su pintura. Le pidió que le hiciera un retrato igual para tenerlo en su casa.

—André tiene la fotografía en su escritorio; tómela usted.

Sacó la foto clandestinamente y empezó a trabajar. Luego le pidió que posara para él, porque necesitaba hacer unos retoques. Salieron a cenar algunas veces y ahí empezó a gustarle en serio. Cuando terminó la pintura, André le preguntó cuál de las dos era más bonita.

—No sé —le dijo María—. Préstame la tuya para compararlas.

Ya no se la devolvió. Ahora está en un panel de dos caras que María misma diseñó, donde se pueden ver ambas pinturas al mismo tiempo.

"Antoine —cuenta María— es una de las personas más fabulosas que he conocido. Tiene cultura, disciplina, talento y un gran sentido del humor. Como pintor me parece magnífico, por su técnica y su colorido. Tiene la cualidad de ser perfeccionista en sus cuadros, como yo en mis películas. No se estanca en un estilo: siempre busca mejorar y lo consigue a fuerza de trabajo. De cariño le digo 'Gato', porque tiene rasgos felinos. Lo que más admiro de él es la dedicación y el temple que ha tenido para abrirse camino en el difícil ambiente de las artes plásticas. Consigue todo lo que se propone, y cuando hace una exposición, sus cuadros se venden en un santiamén. Desde niño se interesó en los indios americanos y ha estudiado sus costumbres y religiones para poder pintarlos. Gracias a él yo he comprendido mejor a los huicholes, a los yaquis, a los otomíes y a todos los grupos étnicos del país. Trabajó tres años sin afán de lucro para preparar una exposición sobre las razas de América que se inauguró en el Palacio de Minería y ha recorrido varias plazas de México. 'Es un regalo a tu pueblo —me dijo—, una ofrenda que yo quiero hacerle a esa gente maravillosa'.

"El carácter de Antoine parece muy suave, pero en realidad tiene una voluntad de hierro. Es parisino de nacimiento, pero de ascendencia rusa, y tiene esa manera de ser eslava que no se le puede quitar. Muy rara vez demuestra su afecto. Yo una vez le dije: 'Dime que me quieres aunque no sea verdad'. Él me respondió: '¿Y las pinturas que te he hecho no son palabras de amor?' Me dejó callada porque, en efecto, sus pinturas lo dicen todo sin palabras".

"De Antoine —sigue contando María— me gusta todo, hasta sus defectos. Es encantador como artista y como persona. Su juventud me alegra el espíritu. Habría sido estúpido de mi parte que me buscara un hombre de mi edad. Nunca lo hubiera encontrado tan guapo y tan vital como yo ni me divertiría tanto con él. Antoine ha sido para mí el premio gordo de la lotería: un producto humano que no se encuentra fácilmente. El amor es un estado de gracia y yo me mantengo en él desde que lo conozco. Él me da más de lo que yo le doy. Amar es una falta de egoísmo y yo tengo el ego más robusto del mundo. Antoine no. Gracias a él he mejorado en muchos aspectos. La inteligencia y la tontería son contagiosas".

María día a día.

Día a día

Cuenta María que ha vivido sin tener conciencia del tiempo. De pronto le llega un aniversario de trabajo —cincuenta años en el cine— y le parece imposible que la homenajeada sea ella. Sobre la chimenea de su casa tiene cuatro Arieles y una Diosa de Plata.

Para ella casi no hay días tranquilos; María no es una gente que se acueste a descansar. Desde que empieza el día tiene actividad, y su día empieza muy temprano. A las ocho la despiertan con su taza de café —una droga que no cambiaría por nada—, y la mañana le rinde mucho.

Ve las noticias por televisión, hace los planes del día y lee el periódico. Volviendo a su rutina diaria, todas las mañanas cuando está en México recibe una llamada de Antoine a las nueve en punto, cinco de la tarde, hora de París, lo que ella llama "la hora soñada". Le cuenta lo que hizo el día anterior, le cuenta cómo le va en su trabajo y ya hizo su día. La llamada se ha repetido semana tras semana desde hace once años. Es como si se vieran a diario, porque siempre hay un acercamiento. María cree que han logrado llevar una vida muy independiente porque tampoco en París viven juntos. Antoine tiene su departamento, María el suyo, pasean, salen de viaje y los dos tienen libertad sin perder el contacto. El tener un choque de vez en cuando no es malo: lo principal es tener los mismos gustos, las mismas ideas políticas. En lo básico están de acuerdo y se acompañan bien, que es lo más difícil de lograr en una pareja.

Inmediatamente después del telefonazo empieza su sesión de gimnasia: una hora diaria de ejercicio y un poco de pesas. Antes hacía tres horas, la mitad en la mañana y la mitad en la noche. Ahora administra más las energías, pero lo que importa no es hacer mucho ejercicio, sino hacerlo diario, para tener el músculo en movimiento. De niña fue muy atlética porque se pasó toda la infancia retozando en el campo. Quería ser trapecista de circo. Es una de sus vocaciones frustradas, como la de detective.

Otro deporte que le gusta es la natación. Ha tenido impedimentos para practicarlo por la obsesión de los periodistas de verla en traje de baño. Hasta con telefoto lo han intentado, pero siempre descubre al fotógrafo y le hace desde lejos el gesto sagrado. Lo bueno es que ya tiene piscina en su casa de Cuernavaca y ahora puede nadar sin testigos.

Cuando termina de arreglarse ya son las doce o la una. Entonces se pone a leer. Siempre tiene un libro cerca, porque leer es su gimnasia mental. Desde niña le inculcaron ese hábito y no lo ha abandonado ni en sus épocas de mayor ajetreo. Su mamá a los noventa y dos años leía y tejía sin lentes. María heredó su buena vista.

Eso hace por las mañanas cuando está en México, donde sale poco a la calle, porque a la primera esquina la detienen para pedirle autógrafos. En París su vida es distinta. Suele recorrer las calles a pie. Sale de su casa y se va sola caminando kilómetros y kilómetros. No existe calle en donde no haya estado. En París todo es bonito: la ropa, la comida, el vino, ¡hasta los chocolates!

El juego es una de sus grandes pasiones. Canasta, póquer, gin rummy, todo le gusta si hay apuesta de por medio. Con Alex aprendió a jugar fuerte, pero nunca ha apostado lo que no puede pagar. Lo más que ha perdido son ochenta mil dólares, un día de mala suerte en Las Vegas. Y lo máximo que ha ganado han sido doscientos cincuenta mil.

Por las tardes tiene siempre muchas cosas que hacer. La casa de Cuernavaca le roba demasiado tiempo, porque si no está pendiente de todo no se mueve ni la hoja de un árbol y a cada rato hay que estar haciendo reparaciones, arreglos, cambios. Le gusta que haya orden en sus casas. No tolera la suciedad y es alérgica al polvo. Los muebles que tiene son de época y requieren de un cuidado especial. Ha tenido la suerte, gustándole como le gustan las antigüedades, de poderlas adquirir. Arregla sus casas para vivir en ellas, no para presumir. Cuando algo le gusta no se fija si es caro o barato, pero generalmente lo bueno es caro y difícil de encontrar. Tiene que ver catálogos, comparar precios, ir a subastas. Conoce bien el mercado y le divierte mucho salir con Antoine a recorrer tiendas de antigüedades. A veces tiene que hacer una odisea para localizar una pieza auténtica.

Las antigüedades son su vicio, pero es un vicio con el que no pierde dinero. Al contrario: ha ganado mucho comprándolas y vendiéndolas. A veces se aburre de un estilo y hace una subasta, como hace unos años cuando vendió en París sus muebles segundo imperio. Con tantos intereses en la vida María no se aburre nunca. Ése es su único secreto de belleza: la curiosidad, el gusto por la vida. El no tener nada que hacer marchita. Dicen que María se hace curas de sueño en Suiza para conservarse lozana. En realidad sólo duerme siete horas diarias y casi nunca tiene ratos de ocio. María dice que no puede dar consejos de belleza más que una sola cosa para todo el mundo y todos los momentos: disciplina para no desvelarse, para no beber alcohol y para comer frugalmente. A cierta edad la belleza se va y entonces lo que importa es tener el corazón en fiesta, como lo tiene ella.

María, con el corazón en fiesta.

Adiós

Una de las más bellas, pragmáticas, controversiales, polémicas y un sin fin de calificativos que se le podrían adjudicar a esta singular mujer, María Félix, nos dijo adiós para siempre en su forma corpórea.

Su imagen, su recuerdo, sus ideas, sus pensamientos, su trayectoria, su trabajo, sus aficiones, sus amores, sus maridos y todo ese cúmulo de vivencia y experiencia que acumuló a través de los años y de su vida nos queda para siempre en el recuerdo.

María, fue la inspiración de artistas, escritores, compositores, músicos, poetas, pintores y de la propia naturaleza.

María, la misteriosa María, retó al Ángel Blanco, tal parece que le tuviera miedo, pues en el silencio de la noche, con la pasividad del sueño, solo así se la pudo llevar, no, no se la llevó despierta, como que si el Ángel Blanco, supiera la batalla que libraría con ella para apoderarse de su vida y arrancarla de un tajo.

María Félix, murió aparentemente dormida a la 1:00 am. hora de México, pero hasta aproximadamente las 10:00 de la mañana del día 8 de abril del 2002, se descubrió el cuerpo ya sin vida de la artista, de este lamentable acontecimiento dio información su médico de cabecera el Dr. Enrique Peña.

Confirmada la noticia del deceso de María Félix, esta causó reacciones de admiración, de extrañeza, de patetismo, de asombro y de dolor, porque con la repentina muerte de esta singular mujer concluye toda una época del romanticismo del cine mexicano.

TÍTULOS DE ESTA COLECCIÓN

Está obra
se terminó de imprimir en julio del 2004 en
Litográfica Ingramex, S.A. de C.V.
Centeno 162-1, Col. Granjas Esmeralda
México, D.F.

Certificado No. 02-2082